CATÉCHISME
SOCIAL

OU EXPOSÉ SUCCINCT DE

LA DOCTRINE DE LA SOLIDARITÉ,

PAR

Le Citoyen GREPPO,

REPRÉSENTANT DU PEUPLE.

Deux hommes étant également hommes, ils ont, à un égal degré, tous les droits qui découlent de la nature humaine; ils peuvent être inégaux en moyens; mais il ne s'en suit pas qu'il puisse y avoir inégalité de droits.

L'association est un des moyens inspirés par la nature pour atteindre au bonheur; c'est le complément de l'ordre naturel. SIEYÈS.

PARIS,

GUSTAVE SANDRÉ, ÉDITEUR,
Rue Percée-St-André-des-Arts, n. 11,

ET AU BUREAU DU PEUPLE, RUE MONTMARTRE, N. 154.

1848

Paris. — Imp. d'Edouard Bautruche, rue de la Harpe, 90.

DÉDICACE.

Peuple français !

C'est à toi que je dédie ce livre ; à toi qui jouis depuis tant de siècles du privilége de marcher à la tête des nations !

Tu dois être glorieux de ton influence : car tous les peuples ont les yeux tournés vers toi ; et quand impatient du joug que t'imposaient des maîtres qui, en dépit de leurs promesses, abusaient de ta bonne foi et de ta longanimité, tu les renversas de leur trône et tu secouas sur leurs palais la torche des révolutions, les esclaves des rois se soulèvèrent, et depuis lors toute l'Europe est en feu.

Tu dois être glorieux d'avoir arboré le premier l'étendard de l'affranchissement de l'humanité ; car la France est le berceau des idées sociales ; elle est le foyer d'où rayonne la lumière qui commence à se répandre sur toute la surface du globe, et sauvera la société du néant.

Accepte l'hommage de celui qui a consacré sa vie à la défense des principes appelés comme une religion nouvelle à régénérer le monde.

Paris, 30 novembre 1848.

GREPPO.

AVANT-PROPOS.

On ne cesse de répéter que les socialistes manquent de formule, et que les doctrines de l'école égalitaire ne sont ni connues, ni comprises du peuple. C'est pour répondre à ce reproche que j'ai entrepris ce livre, écrit dans le langage le plus simple et mis à la portée des travailleurs des villes et des campagnes.

Puissent les doctrines qu'il renferme trouver accès et sympathie dans l'atelier et la chaumière, et initier ceux qui souffrent et les hommes animés de l'amour de l'humanité, à la connaissance des principes de solidarité qui sont l'accomplissement de la loi sociale.

Ce livre étant écrit pour le peuple, et aussi succinct que l'a permis l'étendue de ce vaste sujet, on ne doit pas s'attendre à y trouver des dissertations savantes et métaphysiques sur les droits et les devoirs, sur l'origine de l'homme, sur les mystères de la vie future, etc., c'est tout simplement un ouvrage pratique, écrit sans prétention et livré de même à l'impartialité des hommes avides de s'instruire, et qui ne se laissent pas détourner de la recherche de la vérité, par les basses calomnies qui s'opposent aux progrès des doctrines sociales.

CATÉCHISME SOCIAL.

DU SOCIALISME.

DEMANDE. Qu'entendez-vous par Socialisme?

RÉPONSE. La doctrine qui a pour but la réalisation du symbole républicain *liberté*, *égalité*, *fraternité*, et qui veut, par la mise en pratique de la loi humanitaire, faire disparaître de la société les maux qui la déchirent.

D. Le socialisme a-t-il la prétention de s'imposer aux consciences?

R. En aucune façon : il veut arriver, par la puissance du raisonnement, à convertir à la religion de la fraternité, les hommes dont l'esprit est accessible aux sentiments généreux.

D. Votre propagande n'est donc ni violente, ni passionnée?

R. Nullement : elle s'adresse au cœur et à la raison; et les principes qu'elle enseigne sont si profondément empreints de l'amour de l'humanité, que l'aveuglement de l'égoïsme peut seul empêcher de se rallier à la doctrine sociale.

D. Quel moyen emploierez-vous pour réaliser l'idée sociale?

R. L'association de toutes les forces et de toutes les intelligences.

D. Est-il possible d'associer toutes les forces et toutes les intelligences, quand la société présente partout des dissemblances si grandes entre les hommes? Les uns sont forts, les autres faibles; les uns actifs, d'autres nonchalants et paresseux. A côté de l'homme intelligent se trouve l'inintelligent. Rien ne me paraît plus difficile que de concilier ces diversités.

R. Au point de vue de l'individualisme, vous avez raison; toute conciliation est impossible, puisque l'antagonisme des forces et la lutte des intérêts privés en sont la pierre angulaire; mais au point de vue de l'organisation d'une société ayant accepté pour base la solidarité, vous êtes dans l'erreur.

D. Une société, solidaire ou non, n'en est pas moins une collection d'individus qui ont chacun leurs aptitudes, leurs intérêts, leurs passions et leurs forces propres.

R. Vous auriez raison si vous pouviez admettre que, dans une société solidaire, l'égoïsme pût subsister, que chacun dût revendiquer le prix intégral de ses peines, et prétendît consommer tous les produits qu'il a créés sans se préoccuper de ses concitoyens. C'est justement cette déplorable tendance que la solidarité cherche à faire disparaître. L'opinion que vous vous faites de l'indépendance de l'homme, le rapproche de l'état sauvage. Le sauvage n'a besoin de personne : un hamac, des nattes, un arc, des flèches ou un fusil composent son avoir. Toute la terre qu'il foule lui appartient; il n'a nul besoin de l'appui de ses voisins puisqu'il se suffit à lui-même; mais il est dans la pire de toutes les conditions : car pour un être sociable, l'isolement c'est la mort.

D. Permettez-moi de vous interrompre. N'est-ce pas là au contraire le véritable état de nature, et la civilisation n'est-elle pas un contresens, puisqu'elle nous rend plus malheureux?

R. Non, l'état improprement appelé de nature est le plus malheureux du monde, parce que l'homme, en contradiction avec la loi de sociabilité, qui est propre à son espèce, et livré à ses propres forces, ne peut se défendre contre la plus petite agression. Il est seul au sein de la nature, et seul il doit lutter contre les ennemis qui l'entourent de toutes parts. J. J. Rousseau n'a pris conseil que de son humeur solitaire, quand il a dit que l'état sauvage est l'état naturel de l'homme, et qu'il n'est malheureux que par la civilisation.

D. Alors comment se fait-il que la civilisation ne contribue pas davantage à notre bonheur?

R. Parce que nous vivons encore dans l'isolement, même au milieu de la société. Toutefois, malgré l'égoïsme des institutions, il existe parmi nous une sorte de solidarité factice qui nous rend la lutte plus facile et la vie moins aventureuse.

D. Notre civilisation est donc encore en état d'imperfection?

R. Oui, car elle n'est que la transformation de l'état de guerre des sociétés anciennes; nous nous déchirons encore par la lutte régularisée qu'on appelle la concurrence, et la concurrence est une véritable guerre qui aboutit à l'esclavage des uns et à la domination despotique des autres.

D. Quelle idée vous faites-vous donc du rôle de l'homme dans la société?

R. L'homme étant destiné, par sa nature, à vivre dans la société de ses semblables, il n'y peut trouver le bonheur qu'en concourant de tout son pouvoir au bien-être de ses co-associés. La solidarité est la véritable base de l'association; aussi, est-ce dans cette voie qu'il doit chercher la solution du problème social, qui répond à son aspiration vers le bonheur.

D. La diversité des fonctions dans la société et la réciprocité des services n'établit-elle pas déjà cette solidarité?

R. Elle établit la solidarité entre les hommes, dans ce sens qu'ils ont tous besoin les uns des autres, et que le riche serait fort embarrassé si le prolétaire refusait de travailler pour lui, car il manquerait même du nécessaire; cependant cette solidarité artificielle ne peut nous satisfaire, parce qu'elle établit entre les citoyens des différences de conditions qui condamnent les uns à travailler constamment sans jouir de leurs produits, et en manquant même des choses nécessaires à la vie, tandis que les autres vivent dans l'oisiveté, et profitent des labeurs du pauvre. Il y a loin de cette fausse solidarité à celle que nous cherchons à établir, puisque, dans notre système d'association, nul ne peut se soustraire au travail, et nul ne peut manquer du nécessaire faute de travail.

D. Vous voulez alors l'association universelle; c'est là votre but?

R. Nous voulons tout ce qui est possible : l'association partielle d'abord et le mutuélisme entre tous les travailleurs, afin que l'ouvrier ne soit plus à la merci d'un manque d'ouvrage ou d'une maladie, et qu'il jouisse enfin d'une part dans la richesse qu'il contribue à produire.

D. Toutes ces idées sont généreuses; mais il me reste bien des scrupules : je me demande comment il se peut que l'humanité ait constamment erré dans sa marche, et si l'on peut raisonnablement songer à changer une société qui a pour elle la sanction des siècles et n'est arrivée à son organisation actuelle que par suite du progrès continu?

R. C'est justement parce que la société a donné des preuves de son impuissance, que nous sommes autorisés à vouloir la régénérer.

Qu'a-t-elle produit pour le bonheur de l'humanité? Rien que des déchirements, des convulsions politiques et sociales, des révolutions périodiques, la lutte incessante de la violence contre le droit, l'oppression du faible par le fort, partout la guerre et la contrainte, nulle part le bonheur et la liberté.

D. Elle a pourtant progressé : car, à l'esclavage a succédé la liberté chrétienne; au servage, l'affranchissement; à la monarchie absolue, la souveraineté de tous. Que vous faut-il de plus?

R. Elle a métamorphosé l'esclave en serf, le serf en prolétaire, et le prolétariat est l'esclavage sous une autre forme. Comparez la condition de l'esclave, qui est la propriété d'un maître humain, à la condition du prolétaire, et vous verrez qu'il vaudrait mieux aujourd'hui être esclave qu'homme libre. Le maître nourrit son esclave, l'habille, le soigne dans ses maladies, dans sa vieillesse, élève ses enfants parce qu'il en tire un profit et qu'il tient à ne pas laisser sa propriété se déprécier, tandis que le prolétaire est un esclave privé de tous ces avantages.

D. Il a la liberté.

R. Oui, il a la liberté : mais est-il réellement libre, quand le besoin de vivre l'enchaîne à un travail incessant et mal rétribué? Est-il libre quand il ne peut satisfaire aux premiers besoins de la vie? Est-il libre quand la faim l'oblige à subir la loi d'un maître? Il est vrai qu'on lui a donné un semblant de liberté politique; mais la liberté sociale lui manque.

Pour vous prouver, par des exemples tirés de l'histoire de l'humanité, l'impuissance de votre société avec sa division en castes exploitantes et exploitées, je vous montrerai que partout la lutte des intérêts a engendré la guerre. En Grèce, guerre des maîtres contre les esclaves, guerre des forts contre les faibles, destruction de populations entières, de cités florissantes, dans le but de leur asservissement; entre les citoyens, guerre des pauvres contre les riches, incessante fermentation du peuple. À Rome, lutte entre les prolétaires et les patriciens, qui dura aussi longtemps que la république; et, quand l'empire qui avait subjugué le monde croula au souffle de liberté descendu de la croix du Christ, les hordes barbares se jetèrent sur le cadavre de la grande nation, et elle disparut de la face du monde, parce que sa constitution était inégalitaire.

Au moyen-âge, guerre des serfs contre leurs seigneurs, lutte des communes pour leur affranchissement, commotions dont la misère était la source; guerres engendrées par les famines; guerre pour faire cesser l'oppression des nobles et du clergé; guerre pour l'émancipation de la pensée. Aujourd'hui, guerre du travail contre le capital, car le capital a remplacé ces dominateurs impitoyables, et n'est pas moins impitoyable qu'eux. Le travailleur *libre*, mais de quelle liberté, a remplacé le serf; il est encore attaché à la glèbe par la faim; c'est un esclave sous un nom différent. Voilà ce qu'a produit votre société : des guerres incessantes, non pour une indépendance chimérique, mais pour le pain, le bien-être après lequel tous les hommes soupirent. Nous sommes donc autorisés à prêcher l'affranchissement des classes laborieuses, puisque la vieille société n'a rien fait et ne veut rien faire pour elles.

D. Expliquez-moi alors toute cette théorie et veuillez répondre à mes questions.

DU TRAVAIL.

D. Qu'entendez-vous par le droit au travail?

R. Le droit que chaque homme apporte en naissant de vivre, en mettant au service de la société ses forces, son activité, son intelligence.

D. Mais si la société n'a pas besoin de ses services?

R. Quand la société n'a pas besoin des services d'un citoyen, elle lui doit le pain, le vêtement et l'abri.

D. C'est une prime accordée à l'oisiveté.

R. Nullement : car il ne tient qu'à la société d'utiliser les forces qui lui sont offertes; et soutenir qu'elle ne peut procurer de travail à tous les bras, c'est en revenir à cette opinion erronnée, qu'elle produit ce qui est nécessaire aux besoins de tous.

Cette assertion est fausse : N'avons-nous pas des populations tout entières qui ne sont ni vêtues, ni logées, ni nourries comme il convient à des hommes civilisés? N'avons-nous pas des terres incultes à défricher, des marais à dessécher, des montagnes à reboiser, des fleuves à endiguer, des canaux à creuser, des routes à percer pour établir des communications plus faciles, des mines et des carrières à exploiter, des dunes à arrêter dans leur marche? Sans compter qu'en appliquant le double de bras à la production des choses nécessaires à la vie, on triplerait la production, et l'on pourrait diminuer sans préjudice la durée du travail, en consacrant les heures de loisir à l'instruction générale du peuple.

D. Ainsi, votre droit au travail, emportant le droit à la vie, est synonyme de réforme sociale ; car il nécessite l'intervention de l'Etat dans les travaux privés aussi bien que dans les travaux publics.

R. Cela va sans dire.

D. Votre droit au travail emporte-t-il le devoir du travail?

R. Sans doute : car nous ne pouvons admettre qu'aucun citoyen puisse vivre dans l'oisiveté, et sans rendre à la société des services effectifs en échange de la protection qu'il en reçoit.

D. Comment conciliez-vous le droit au travail avec l'impuissance de travailler?

R. Rien de plus simple : les enfants, les infirmes, les malades, les vieillards, étant dans l'état d'invalidité, on ne peut exiger d'eux un travail qu'ils ne peuvent faire. La société doit à l'enfant les soins matériels et l'éducation élémentaire et professionnelle, jusqu'à ce qu'il puisse l'en récompenser par le concours qu'il apportera au bonheur général ; le malade a droit à des soins jusqu'à ce qu'il ait recouvré la santé; les infirmes ont droit à l'assistance puisque des accidents irréparables ou leur constitution physique les mettent hors d'état de subvenir à leurs besoins, et les vieillards trouvent dans ces mêmes soins la récompense des services qu'ils ont rendus à la société dans leur jeunesse.

D. Expliquez-moi comment vous traitez les vieillards et les infirmes, et comment vous garantissez leur existence?

R. Par la création d'invalides civils.

D. Vous rompez donc avec le système de charité qui est la pierre angulaire de la société chrétienne?

R. Nous considérons la charité et l'aumône comme une injure faite à l'humanité. Le rapport de celui qui donne à celui qui reçoit, établit en faveur du premier une suprématie odieuse, tandis que sous un régime qui tend à établir l'égalité parmi les citoyens, cette distinction ne peut exister. La fraternité chrétienne exige que celui qui a le superflu partage avec celui qui n'a pas le nécessaire ; mais la fraternité démocratique veut au contraire, qu'au nom de l'Egalité, l'Etat, qui doit être le régulateur de la production et de la consommation, veille à ce que nul d'entre les citoyens ne souffre de dénuement ; c'est pourquoi il doit, en favorisant les associations des travailleurs, être le créateur de grands centres où tous les citoyens qui sont arrivés à cette époque de la vie où le repos est devenu nécessaire, ou qui sont hors d'état de travailler, puissent trouver un refuge assuré pour y passer paisiblement leur vie ou leurs dernières années. Les caisses centrales établies par les associations viendront compléter l'œuvre du gouvernement, et les citoyens auront dans l'avenir une confiance qui n'existe pas aujourd'hui.

Rien de plus praticable que cette pensée généreuse, qui a trouvé dans la population un écho répondant à un besoin ; il lui reste maintenant à obtenir l'appui du gouvernement.

D. Ce que vous venez de me dire sur le travail est bon en théorie, mais en pratique, comment ferez-vous ?

R. En attendant que les progrès des associations ouvrières garantissent la vie des travailleurs, et pour jeter le fondement des grandes créations qui concentreront plus tard les travaux dans ses mains, car nous voulons qu'il soit le commanditaire universel, l'Etat établira de vastes ateliers où se fabriqueront tous les objets à son usage, tels que draps, toiles, cuirs, fers, papier, armes, vêtements pour la troupe et les fonctionnaires publics, fourgons, affuts, voitures de transport, bâtiments publics, etc. Les ouvriers dont l'association ne pourrait subvenir à tous les besoins ou occuper tous les bras, ceux dont l'industrie subirait des modifications ruineuses, par suite d'inventions nouvelles ou de cessation des débouchés étrangers, y seront reçus temporairement ou d'une manière définitive. Il y aura en outre des fermes nationales, des forêts, des haras, des bergeries où des milliers de bras pourront être utilisés. Il fera établir des routes, des voies de fer, creuser des canaux, défricher des terres incultes qu'il colonisera plus tard, et ces grands travaux seront consacrés à l'utilisation des bras inoccupés, et il y a certes là de quoi entretenir l'activité de millions de travailleurs. Sans compter que l'Etat préludera ainsi à ses fonctions régulatrices et organisatrices, et fera son apprentissage d'administrateur économe. La plupart de ces travaux seront productifs; et loin d'être à la charge du trésor, ils contribueront à augmenter les ressources du budget.

D. Vous imposez à l'Etat bien des charges nouvelles; cependant je ne vois de travail que pour les hommes de métier ; quels travaux donnerez-vous aux hommes qui n'ont d'autre moyen de vivre que leur intelligence et leur éducation ?

R. On attachera aux entreprises temporaires, des surveillants, des directeurs, des comptables. De plus, vous verrez, quand nous parlerons de l'industrie, du commerce, de l'agriculture, des revenus publics qu'il y aura place pour tous. N'oubliez pas que les associations des différentes corporations, industries et professions, viendront en aide à l'Etat par leurs caisses de secours fraternels, ce dont nous parlerons plus tard.

DE LA PROPRIÉTÉ.

D. Qu'entendez-vous par propriété ?

R. Tout ce qui est le produit du travail personnel de l'homme et le fruit de son industrie.

D. La propriété, telle que nous l'entendons de nos jours, est autrement définie.

R. C'est justement cette sorte d'appropriation qui donne à l'homme le *droit d'user et d'abuser* que nous trouvons mauvaise, parce qu'elle emporte après soi, d'une part, l'exploitation de l'homme par son semblable, et de l'autre, la possession à un titre immérité, de biens détournés de leur but véritable, qui est le bonheur de la société tout entière.

D. Vous considérez alors la propriété comme un vol.

R. Non, nous considérons la *propriété réelle*, et nous désignons sous ce nom les biens immobiliers et les instruments de travail, tout ce qui sert enfin à produire la richesse, comme une institution dont les besoins actuels de la société appellent la modification. Si cette appropriation individuelle, qui met entre les mains de quelques citoyens seulement tous les agents de la production, ne tournait pas au détriment de la société, nous ne trouverions pas qu'elle fût un mal ; mais la propriété individuelle, concentrée en un petit nombre de mains, réduit à l'état de salariés la plupart des citoyens, et donne à ceux qui possèdent, le droit d'imposer à ceux qui ne possèdent pas, des privations sans nombre, le dénuement, la misère, lorsqu'ils n'ont pas besoin de leurs bras.

D. Vous ne savez sans doute pas que le nombre des propriétaires est en France de plus de cinq millions ; en comptant trois personnes par famille, il y aurait alors quinze millions de propriétaires, ce qui prouve que le morcellement de la propriété a mis près de la moitié de la nation à même de posséder ; votre réprobation frappe donc alors la moitié des citoyens ?

R. Vous ne dites pas que nous avons 5 millions et demi de cotes foncières de moins de 5 fr., ce qui, d'après les données des statisticiens fait, en moyenne 40 ares par famille. Les cotes foncières de 5 à 10 fr. ou d'un hectare un quart à 2 hectares un demi (puisque l'impôt est d'environ 4 fr. par hectare), sont au nombre de 1,800,000 ; il y en a 1,600,000 de 10 à 20 fr. ou de 2 hectares et demi à 5 ; ce qui fait près de 9 millions de cotes foncières sur 11 millions, ne représentant que de 40 ares à 5 hectares, propriété loin de garantir l'indépendance des possesseurs, qui sont à la fois salariés et propriétaires, et dévorés par des hypothèques usuraires. Il faut ajouter aussi que beaucoup de ces cotes foncières de minime importance sont concentrées entre les mains des mêmes propriétaires. Pour connaître la constitution réelle de la grande propriété foncière, contraire au bonheur de tous, mais bien moins pourtant encore que la propriété liquide et privilégiée du capitaliste qui est le dominateur des propriétaires fonciers et des travailleurs, nous n'avons qu'à consulter le cens électoral qui donnait à 220,000 élus, payant en minimum 200 francs d'impôt, le droit de choisir les députés. Il y a donc réellement en France une caste dominatrice possédant le sol, les maisons, les capitaux, et tous les agents de la production, qui forme environ un million d'individus : ce sont les bourgeois, qui ont remplacé les seigneurs dont les priviléges avaient été détruits par la révolution de 1789. Ce sont les hommes que l'ex-ministre Guizot désignait sous le nom du *pays légal*.

Si maintenant nous examinons les maisons, qui constituent une autre sorte de propriété. Combien en avons-nous qui puissent offrir à celui qui les possède autre chose de plus qu'un abri. Sur sept millions environ, près de trois millions et demi n'ont pas plus d'une à trois ouvertures ; ce sont de simples cabanes ou chaumières, qui ne peuvent être habitées que par des journaliers ou de pauvres paysans.

Vous voyez donc que ce morcellement indéfini n'a eu pour résultat qu'un mince allégement des charges qui pèsent sur le pauvre, puisqu'il nous reste 20 millions d'hommes dénués de toute propriété, et réduits, dans nos campagnes, au salaire insuffisant de 75 centimes à 1 franc par jour pour les hommes, 40 centimes pour les femmes et 20 centimes pour les enfants. Encore avons-nous sur ces 20 millions d'hommes quatre millions de mendiants et autant d'indigents, sans compter que les ouvriers desvilles et une partie de ceux des campagnes sont ruinés par les chômages et les crises commerciales.

La propriété est donc mal organisée, puisque celle du sol et de tous les agents de la production est concentrée en un si petit nombre de mains.

D. Vous voulez alors procéder à un partage?

R. Nullement ; car nous savons que les cinquante millions d'hectares mis en culture, les sept millions de maisons et les deux milliards de numéraire distribués par portions égales entre tous les citoyens, anéantiraient par leur dispersion la production tout entière, sans compter les dissentions que ce partage ferait naître dans la société.

D. Si vous reconnaissez l'impossibilité d'un partage, pourquoi vous tant récrier contre la propriété et l'attaquer comme vous le faites?

R. Frappés du mal que produit sa concentration, et voulant procéder à la neutralisation de ses effets sur la partie la plus nombreuse et la plus pauvre de la nation, voyant même que ceux qui possèdent retombent souvent dans le prolétariat, et que les générations sont le jouet de la fortune, nous ne voyons dans la constitution actuelle de la propriété qu'un mirage, une déception, produisant du mal à tous les degrés de l'échelle sociale, c'est pourquoi nous demandons à l'État de favoriser la production indépendante par un large système de crédit qui puisse soustraire les travailleurs à l'exploitation usuraire du capitaliste, de coloniser en conservant l'inaliénabilité du fonds, huit à neuf millions d'hectares qui sont improductifs, et de veiller dans le système général de production, à ce que tout ce qui sert aux besoins de tous soit mis à leur disposition. Je vais expliquer ma pensée : vous avez des propriétaires qui, faute d'argent, laissent une partie de leurs champs en friche ; vous avez en outre, chaque année, six millions d'hectares en jachères ; vous avez les biens communaux, les landes et patis dont dix hectares n'équivalent pas pour le produit à celui d'un hectare de terre bien cultivé : nous demandons que le sol destiné à produire la subsistance du peuple, qui a des bras au service de la production, ne puisse rester inculte sans que ce chômage volontaire ou involontaire ne soit regardé comme un crime contre la société tout entière. Nous voulons, en outre, que l'État détermine la quantité de céréales et de végétaux alimentaires, textiles et économiques à produire ; le nombre de têtes de bétail à élever pour répondre aux besoins de tous, et ne laisse pas à la cupidité privée l'emploi absolu des terres qui devraient être appliquées aux besoins des citoyens.

D. Chacun est cependant maître de faire de ses terres ce qui lui convient, et nul ne peut intervenir dans l'usage qu'il en fait, sans commettre un acte d'envahissement.

R. Voilà justement le droit contre lequel les socialistes s'insurgent.

Pendant longtemps, lorsque quelques familles erraient au milieu d'immenses plaines sans maîtres, chacun a pu s'emparer d'une partie du sol et en disposer à sa guise ; mais dans l'état actuel de la société, il est temps que la production et la consommation soient en harmonie avec le nombre et les besoins des consommateurs ; en un mot, nous voulons que les fruits produits par tous servent à la vie de tous, et que nul ne puisse, par cupidité, détenir ce qui est nécessaire aux besoins de ses concitoyens.

Quoique le droit d'user et d'abuser soit la définition donnée de la propriété par les jurisconsultes, on a dû limiter ce droit, et empêcher le propriétaire d'exploiter à son gré ses forêts, parce que l'État a besoin de bois de construction, et que tous les arbres d'élite propres à cet usage doivent être respectés ; il n'a pas le droit d'exploiter ses mines, parce qu'elles sont un des éléments de la richesse publique, bien que d'injustes concessions détruisent les résultats favorables de cette équitable disposition ; mais, en revanche, il a le droit de laisser son champ en friche, d'en détenir les produits quand il a autour de lui une population affamée ; en un mot, à part quelques lois d'intérêt fiscal ou gouvernemental, l'abus est permis partout.

Nous voulons, enfin, par *le progrès des institutions et par une transformation successive et consentie, du droit de propriété, par l'association universelle ayant la solidarité pour base*, arriver à une organisation telle de la mise en œuvre des agents de la production, *que les fruits soient à tous et la terre à personne*, puisque nous ne reconnaissons d'autre propriété que les choses qui se consomment par l'usage, ce qu'on appelle la *propriété personnelle*, tandis que la *propriété réelle*, c'est-à-dire le sol et les éléments de production, doivent appartenir à tous, et ne peuvent être la possession exclusive de qui que ce soit.

D. Procédez-vous sans transition à cette modification de la propriété?

R. Nous nous attaquons d'abord au plus dangereux ennemi des producteurs et des propriétaires d'immeubles et d'instruments du travail, le capital, par de larges institutions financières, pour empêcher l'usure; nous associons les producteurs pour les soustraire à l'exploitation, nous colonisons nos terres incultes, nous ouvrons des ateliers agricoles et professionnels pour occuper les bras oisifs; et, par une sage réforme de l'hérédité, nous procédons à l'association générale; mais sans rien demander prématurément et en marchant avec le progrès des esprits.

DE LA FAMILLE.

D. On dit que vous voulez détruire la famille, que les parents seront privés de leurs enfants, et que ces liens, nés de l'affection de l'homme et de la femme, seront à jamais brisés ?

R. C'est une calomnie contre laquelle nous sommes obligés de nous défendre. Nous répondrons que nous voulons enlever à la famille ce qu'elle a de contraire aux lois éternelles de la morale et de l'humanité.

D. Vous n'admettez cependant pas le mariage indissoluble qui est conforme à la loi chrétienne?

R. Nous admettons que les causes qui ont pu déterminer l'homme et la femme à se réunir venant à cesser, tout commerce entre eux devient une prostitution scandaleuse.

D. Il y a pourtant, dans le mariage indissoluble, une idée de haute moralité; car les enfants, nés de l'union qui se sera rompue, ne reconnaîtront plus leurs parents, et le lien de la famille sera brisé.

R. La plupart des mariages étant le résultat de convenances fondées sur l'intérêt, et les autres, le plus souvent désunis par la misère ou les vices d'une éducation anti-sociale, c'est rendre au mariage toute sa dignité que de lui donner la liberté pour base.

Voyez les inconvénients qui naissent de l'esclavage de la femme : comme la société ne lui a pas assigné de fonctions qui la missent en état de vivre sans le secours de l'homme, elle est obligée de chercher à lui plaire par les charmes de sa figure ou de son esprit ; de là ce commerce de coquetterie qui est loin d'être une garantie de bonheur. Dès sa plus tendre enfance, la jeune fille est élevée dans l'artifice : elle sait habilement dissimuler ses imperfections physiques ou morales et ne les fait apparaître que quand elle est indissolublement unie à l'homme. Quelquefois, le désir de se marier lui fait prendre le premier individu qui se présente, pourvu qu'il lui offre une position avantageuse.

Nos institutions lui ont donné les défauts de l'esclave ; elle lutte de ruse puisque la force lui manque, et que la société a fait d'elle, non la compagne, mais la servante de l'homme. De là l'adultère et les crimes qui sont une protestation incessante contre un joug qui pèse souvent aux deux conjoints.

L'homme, de son côté, n'ayant pas appris dès l'enfance à respecter la jeune fille, la considère comme un instrument de plaisir et se livre à la séduction avec d'autant plus d'impunité, qu'on rit impitoyablement de la victime, et que le séducteur n'est pas frappé de réprobation.

Dans le mariage, l'homme recherche l'argent avant la beauté ou les qualités du cœur : il regarde la femme comme sa propriété. Le plus souvent, dans sa conduite envers elle, il s'affranchit de ces soins attentifs qui entretiennent l'affection. Il s'impose à elle avec ses défauts et ses caprices, parce qu'il sait qu'elle est unie à lui d'une manière indissoluble, et que toute séparation est impossible. D'autres n'apportent souvent à leur compagnes qu'un corps usé, un esprit blasé, et sous leur toit règne rarement la quiétude

La femme, de son côté, qui sait que son mari lui doit le nécessaire et la satisfaction de ses désirs, ne s'efforce pas de lui plaire.

Nous voulons que la femme, ayant au sein de la société une position indépendante, étant regardée comme une citoyenne libre, ne prenne conseil que de son cœur.

D. Permettez qu'ici je vous arrête : il est juste cependant qu'une dot permette au mari d'améliorer une position que la famille viendra aggraver, et que, par conséquent, il recherche la fortune.

R. Avec le droit de vivre par le travail et avec l'intervention de l'État dans l'éducation des enfants, les charges de la famille auront cessé. Mais en admettant que la dot de la femme ait, dans notre état social, un avantage réel, combien d'unions malheureuses cette cupidité n'a-t-elle pas produites ?

D'un autre côté, par l'affranchissement de la femme, nous rendons au mariage toute sa dignité, et nous l'empêchons de devenir une spéculation honteuse.

Quant au divorce, que nous admettons, mais dégagé des ridicules entraves qu'y apportait la justice, dans l'intérêt des gens de robe et du fisc, et non dans celui de la morale, il serait évidemment fort rare dans une société fondée sur un ordre moral mieux entendu ; car la réprobation des citoyens frapperait les êtres assez dépravés pour changer par libertinage ou par inconstance.

L'éducation de la famille étant surveillée par l'État, il ne pourrait y avoir d'inconvénient à cette séparation. Elle permettrait aux enfants de conserver des relations avec leurs parents, qu'ils aimeraient, non plus par devoir ou par cupidité, mais avec la noble indépendance de l'amitié.

D. Vous n'enlevez-donc pas violemment l'enfant à sa mère pour le livrer à des mains étrangères, en obligeant cette dernière à donner ses soins à un enfant qu'elle ne connaît pas ?

R. Nullement, le nom de mère et les devoirs qu'il impose sont trop sacrés pour que nous songions à les rompre. Nous ne voulons en un mot détruire dans la famille que les abus qui en ont font la honte.

D. Quels seront les rapports des parents aux enfants?

R. Ce qu'ils sont aujourd'hui : les enfants, instruits et nourris dans les écoles publiques, recevront de leurs parents les soins affectueux qui rendront ces rapports sans nuages.

D. Que faites-vous de l'autorité paternelle?

R. Nous la soumettons aux besoins de l'ordre social. Les enfants n'appartiennent à leurs parents que par les liens de la nature; mais ils appartiennent à la société par les devoirs qu'ils auront à remplir envers elle; ils doivent donc recevoir une éducation qui en fasse de bons citoyens et des hommes utiles, pénétrés de l'amour de l'humanité.

D. Les parents aiment cependant à diriger leurs enfants dans une carrière de leur choix, et à leur assurer la position qui leur semble la plus convenable. Dans votre système, la société absorbe les enfants à son profit.

R. Le parents ne consultent que trop rarement, sous ce rapport, les aptitudes de leurs enfants; et, le plus souvent, ils les destinent à des fonctions auxquelles ils sont impropres; encore, cette liberté de direction n'est-elle possible que pour l'homme riche; le prolétaire est obligé de faire apprendre à ses enfants des métiers qui les mettent à même de se suffire le plus tôt possible. C'est ainsi que de belles natures sont condamnées à exercer des professions auxquelles elles ne sont nullement propres.

Dans notre système social, chaque aptitude pourra se développer, toutes les carrières seront ouvertes à toutes les intelligences. Il peut, il est vrai, arriver que le fils d'un magistrat soit obligé, par suite de son inaptitude, de n'exercer que des fonctions réputées infimes; mais il y a moins d'inconvénient à ce froissement de la vanité paternelle, qu'à voir remplir des fonctions éminentes par des incapacités notoires.

D. Alors vous condamnez la famille à la douleur de voir ses enfants réduits à une condition qui la fera rougir.

R. S'il pouvait y avoir dans la société des fonctions avilissantes, vous auriez raison de parler ainsi; mais, en faisant cette objection, vous vous préoccupez de l'ordre social actuel, et vous voyez le riche propriétaire, le banquier, le magistrat, le savant, honteux de voir leurs fils ne pas glorieusement porter le nom de la famille. Si vous vous pénétriez du principe qui nous porte à réformer cet abus de la famille qu'on a appelé *népotisme*, vous reconnaîtriez que rien de plus rationnel et surtout de plus moral, que de donner à chacun la fonction à laquelle il est propre.

D. Que devient l'héritage dans votre théorie sociale?

R. Il sera modifié progressivement comme toutes les institutions fondées sur le privilége. Puisque le bien-être de tous les citoyens est garanti, il serait injuste que l'enfant qui vient de naître, qui n'a rendu aucun service à la société et ne lui en rendra peut-être jamais, puisse vivre dans l'oisiveté, quand il ne peut devoir le bien-être qu'à son intelligence et à son activité.

D. Je conçois que l'héritage en ligne collatérale soit aboli; mais l'abolition de l'héritage en ligne directe me semble une injustice; les parents ne se complaisent à amasser que pour leurs enfants?

R. Non seulement l'héritage en ligne collatérale qui est foncièrement immoral, doit être immédiatement aboli; mais l'héritage en ligne directe doit s'éteindre à mesure que s'étendra le cercle de la solidarité, puisque nous ne pouvons admettre que la jouissance d'une faveur quelconque, ne soit le prix du travail et des services rendus à la société.

D. La famille, telle que nous la connaissons, avec l'autorité des parents sur leurs enfants , la dot des filles et la transmission des biens, se trouve complétement métamorphosée par le socialisme.

R. Reconnaissez donc que nous n'en détruisons que l'abus : l'autorité des parents ne s'exerce pas toujours pour le plus grand bien de l'enfant, et ne consulte jamais l'utilité générale, donc elle est dangereuse; la dot est immorale, puisqu'elle excite la convoitise des prétendants, et nous la remplaçons par l'indépendance de la femme, par le libre arbitre dans son choix, qui n'en fait plus l'esclave, mais la compagne de l'homme; la transmission des biens est remplacée par la garantie du bien-être par le travail, qui ennoblit l'homme et l'empêche d'être nuisible à la société.

D. Les riches s'insurgeront contre votre système ?

R. Oui; mais les prolétaires, qui sont plus nombreux, s'en réjouiront; car ils n'ont pas de dot à donner à leurs filles, qui se marient au hasard et sont condamnées à une vie dure et misérable, flétrie souvent par la prostitution que leur impose le besoin, et qui fait de la fille du pauvre, l'instrument de plaisir des fils des privilégiés. Ils n'ont rien à transmettre à leurs enfants; donc la modification de l'héritage ne sera pas pour eux un sujet de regret. Je vous dirai ensuite que nous nous plaçons au point de vue de la raison et de la justice, et ne cherchons rien au-delà.

DE L'ÉDUCATION.

D. Expliquez-moi votre système d'éducation, qui n'a pas été développé d'une manière assez précise pour être bien compris.

R. Nous voulons l'éducation publique, gratuite et obligatoire; nous donnons aux professeurs chargés de l'éducation de l'enfance une importance qu'ils sont loin d'avoir aujourd'hui : c'est eux qui devront initier les enfants à la connaissance de tout ce qui contribuera à en faire des citoyens utiles. Au lieu d'être relégués au bas de l'édifice social, ils en seront la pierre angulaire, le soutien le plus ferme, les ouvriers les plus utiles, et les fonctionnaires les plus respectés.

Ils s'occuperont du développement physique et intellectuel des enfants, et leur inculqueront le sentiment de leurs devoirs envers leurs parents, envers leurs semblables et envers la société.

Ils leur enseigneront tout ce qui peut développer leur intelligence et les mettre à même de continuer leur instruction dans des écoles supérieures.

Les enfants instruits, logés, nourris, vêtus dans les écoles publiques, seront élevés dans le but d'être utiles à la société, au milieu de laquelle ils trouveront le bien-être.

D. Voilà qui est bien ; mais les sciences, les beaux arts, les belles lettres, où les apprendront-ils ?

R. Dans des écoles spéciales, où seront reçus tous ceux qui auront donné des marques non équivoques d'aptitude dans chacune de ces directions, car la *gratuité des études* est la base de notre système.

D. Ceux qui, se développant plus tard, voudraient cultiver leur intelligence et acquérir des talents utiles ou agréables, comment feront-ils ?

R. Ils fréquenteront ces mêmes écoles, qui seront ouvertes à tous, et offriront à l'activité de chacun, ample matière à satisfaire son ardeur pour l'étude.

D. Avez-vous dans votre société une place pour tous les talents ?

R. Sans contredit : seulement ce ne seront pas, comme de nos jours, des carrières ouvertes à l'intrigue et à la faveur ; on ne laissera plus dans la misère des savants distingués, des peintres ou des musiciens de talent, des poètes ou des écrivains de mérite, et remarquez bien que nos plus grands génies sont morts pauvres ou dans la médiocrité, que beaucoup n'ont pas eu le nécessaire pendant leur vie, ce qui en a forcé le plus grand nombre à prostituer leurs talents ou à vendre leur indépendance.

Dans notre état social, au contraire, tout travail étant une fonction, ceux qui en seront investis y trouveront la satisfaction de leurs besoins, et de plus, recueilleront la gloire d'avoir produit des chefs-d'œuvre durables.

La République aura des fonctions pour tous les talents et des récompenses pour tous les services.

D. Comment seront enseignées les professions ?

R. De la même manière : des ateliers publics remplaceront les ateliers privés ; tous les jeunes citoyens y seront admis, comme dans nos Écoles d'arts et métiers, d'où il sort certes les ouvriers les plus intelligents ; ils y apprendront la profession à laquelle les portera leur vocation et que permettra leur force physique.

D. La société aura toujours besoin d'hommes pour exercer les professions insalubres, rebutantes ou dangereuses, comment ferez-vous ?

R. Pour les professions insalubres, il sera offert des récompenses à ceux qui découvriront les moyens d'en atténuer les effets ; et, quand même, des soins hygiéniques appropriés à ces professions, et une moindre durée du travail, en rendront l'influence moins délétère.

Quant aux professions rebutantes, elles pourront être rendues moins désagréables par des mesures de salubrité générale ; puis elles formeront des corvées qui seront accomplies tour à tour par les citoyens désignés pour ces services ; au reste, elles ne constitueront jamais, comme aujourd'hui, des professions exclusives.

Les professions dangereuses, comme celles de couvreur, de charpentier, de mineur, etc., seront entourées de tous les soins qui sont négligés de nos jours. Enfin, la société, administrée démocratiquement, veillera comme une mère attentive à la santé et au bien-être de tous ses membres, et ne négligera rien pour rendre leur condition supportable.

DE LA RELIGION.

D. Vous avez la réputation d'être des hommes irréligieux : que pensez-vous faire de la religion ? La voulez-vous détruire ?

R. Nous avons le plus grand respect pour la liberté des consciences : chacun peut professer publiquement sa religion et pratiquer sa croyance.

D. C'est de l'indifférentisme.

R. Nullement. Nous écartons de nos doctrines les questions religieuses ; car nous ne voulons pas pénétrer dans le for intérieur de chaque citoyen : c'est pourquoi nous laissons, sous ce rapport, chacun croire ce qui convient à sa conscience, pourvu qu'il remplisse ses devoirs de bon citoyen, et ne compromette pas, par des déclamations fanatiques, l'ordre établi dans la société pour le bonheur de tous.

D. Mais le respect dû à la foi de nos pères !

R. Nous laissons chacun se conduire, à ce sujet, comme bon lui semble : que ses doctrines religieuses soient négatives ou affirmatives, jamais nous ne nous immiscerons dans les questions de conscience.

D. Et les prêtres qu'en ferez-vous ?

R. Nous respectons en eux les droits d'homme et de citoyen, et à ce titre, ils jouiront des mêmes immunités que le reste de la nation.

D. Les rétribuerez-vous ?

R. Nullement ; l'Etat ne doit de salaire qu'à ceux qui lui rendent des services directs ; les prêtres seront rétribués par ceux qui auront besoin de leur ministère.

D. Alors, vous voulez détruire la religion ?

R. Laisser le droit de l'exercer librement, ce n'est pas la détruire.

D. Et la morale, qui l'enseignera ?

R. Elle sera enseignée dans les écoles publiques, dans les familles, dans la société tout entière, plutôt par des exemples que par des préceptes. Les enfants, ayant sous les yeux la vue de ce qui est bien, honnête, utile, rougiraient de s'exposer au blâme universel, en faisant ce que réprouvent les lois sociales.

D. Vous faites jouer à la religion un rôle bien secondaire ?

D. Elle jouera le rôle qui convient aux idées métaphysiques, qui sont des faits de conscience individuelle, et doivent être, comme tels, abandonnés au libre arbitre de chaque citoyen.

D. Ainsi, ce n'est donc pas sous la sauvegarde de la religion que vous placez les lois ?

R. Nous plaçons les lois sous la sauvegarde des citoyens qui auront, par une bonne et sage éducation, appris à les respecter et à les défendre ; ils obéiront, en cela, aux devoirs que leur prescrit la raison, puisqu'elles auront pour but leur bien-être et leur moralité.

D. Vous voulez alors faire dominer l'idée de bonheur matériel, au détriment du bonheur spirituel ?

R. L'idée de bonheur spirituel est un fait de conscience ; nous ne nous occupons que de remédier aux maux qui attristent les regards, et de faire disparaître l'inégalité monstrueuse qui épouvante l'esprit.

D. Sans religion publique, peut-il y avoir une société durable ?

R. Les peuples chez lesquels la religion est subordonnée aux institutions civiles ne sont ni plus malheureux, ni plus immoraux que les peuples de l'Europe ; mais, quand même ils auraient un désavantage réel sur ces derniers, il ne faudrait pas s'en prendre à l'absence de religion d'état, mais à l'absence de morale publique.

D. Tous les prêtres et les hommes religieux vous diront que, sans doctrine religieuse, il n'y a pas de moralité possible.

R. Nous leur répondrons, en leur prouvant par des exemples, que les nations qui sont soumises à l'autorité religieuse ne sont pas celles où la morale est le plus universellement pratiquée ; nous leur répondrons, en leur demandant de comparer la vie des philosophes de tous les temps et de tous les pays, à celle des hommes les plus illustres parmi le clergé, et nous verrons où se trouve la plus grande somme de moralité, de sagesse et de tolérance.

Quand même, je vous le répète, nous voulons la liberté des cultes et des consciences, sans rétribution des prêtres par l'Etat, ni intervention des doctrines religieuses dans la vie publique du peuple.

DE L'AGRICULTURE.

D. Votre organisation sociale comprend-elle la réforme des sciences agricoles ?

R. Nous regardons l'agriculture comme la base de toute bonne société. C'est elle qui est la nourricière du genre humain : aussi est-elle, à nos yeux, la plus noble des professions. C'est à elle que nous attribuons la

2

plus haute fonction dans notre système. On a cherché à avilir les travaux des champs, et c'est par la négligence des gouvernements que l'agriculture, au lieu d'être la première des industries, est celle vers laquelle l'homme tourne ses regards avec le plus de répugnance. Pourtant c'est la plus précieuse et la plus infaillible source de richesses. Les biens de la terre sont non seulement des matières premières, dont la mise en œuvre devient pour l'industrie manufacturière l'aliment de son activité, mais la plupart des produits des champs étant directement consommables, et tout ce qui tient aux premières nécessités de la vie devant être l'objet de l'attention des peuples, le problème actuel, en présence de la misère des classes laborieuses, est donc de créer la plus grande masse possible de produits alimentaires et vestimentaires, afin que les premiers besoins soient satisfaits, et que nous n'ayons jamais à redouter les horreurs de la famine.

D. Vous augmenterez donc le nombre des bras; car les agriculteurs sont déjà suffisamment occupés, et ils tirent de leurs champs tous les produits qu'ils peuvent donner.

R. Vous êtes dans l'erreur; quelques exemples vous le prouveront : nous n'avons pas assez de céréales, froment et seigle, pour nourrir notre immense population, puisque des départements entiers vivent de maïs, de sarrazin, d'orge, d'avoine, de chataignes, de pommes de terre, et quelle chétive alimentation que celle qui a ces végétaux pour base ! Nous ne récoltons que 70 millions d'hectolitres de froment; en en défalquant 10 millions pour la semence, il en reste 60 millions, dont une partie est employée pour la nourriture des animaux, les distilleries, etc., il reste donc environ 50 millions d'hectolitres qui, à 3 hectolitres par habitant, représentent la nourriture d'environ 16 millions d'hommes, c'est-à-dire que 20 millions sont obligés d'aller puiser ailleurs leur nourriture. Le seigle qui, par son mélange au froment, fait un pain substantiel et le méteil, fournissent à l'alimentation de 6 millions 1/2 d'hommes, en tout 23 millions. Il en reste donc 13 millions qui ne peuvent prétendre à cette nourriture substantielle.

Notre premier soin serait d'augmenter la production des céréales, d'abord par l'amélioration des procédés de culture, sans accroissement de l'étendue du sol cultivé. Voici les calculs sur lesquels nous nous appuyons : nous avons d'abord eu pour rendement moyen du froment, 13 hectolitres par hectare, aujourd'hui nous en avons près de 16. Les Anglais en produisent 20 et les Flamands 25; en atteignant ce dernier chiffre, nous trouvons 50 millions d'hectolitres de plus, en en déduisant 9 millions pour la semence il en reste 41 millions, ce qui fait pour la nourriture de près de 12 millions d'habitants. Ajoutez-y le rendement amélioré du seigle, de l'épeautre et du méteil, nous aurons de quoi nourrir notre population avec le produit de nos céréales et même au-delà.

Ce n'est pas tout : nous avons 6 millions d'hectares en jachères que nous supprimons par l'introduction des bonnes méthodes d'assolement, plus les 10 millions d'hectares de patis, landes, communaux, etc., en tout 16 millions d'hectares, capables de fournir des produits abondants comme terres arables cultivées en céréales, cultures sarclées de toutes sortes, prairies naturelles ou artificielles. Puisque nos diverses cultures ne forment que 19 à 20 millions d'hectares, en y ajoutant encore 16 millions d'hectares de terres improductives, nous arrivons, en nous aidant des progrès de la science agricole, à avoir des produits alimentaires pour notre population, dût le nombre en doubler. Il a été calculé que l'Amérique, qui possède 4,100,000 milles carrés, susceptibles de nourrir 200 personnes par mille, et 5,700,000 qui peuvent en nourrir 490, pourrait alimenter une population de 3,613,000,000 d'habitants, nombre cinq fois aussi grand que la masse entière du genre humain. Quant à nous, nous pourrions en nourrir largement 100 millions; et pourtant, sur 36 millions, il y en a plus de 20 millions dans la misère. La solution du problème de la subsistance n'est donc pas si difficile qu'on pense.

La multiplication du bétail est encore un point essentiel auquel nous voulons appliquer toute notre attention; car la nourriture animale, déjà faible dans les villes, ne peut guère, dans les campagnes, être regardée comme un des éléments essentiels et intégrants de l'alimentation, puisque la moyenne de viande consommée est de 20 kilogrammes par tête et par an, c'est-à-dire 375 grammes par semaine ou 55 grammes par jour.

Pour subvenir aux besoins d'une alimentation plus substantielle, nous n'avons que 10 millions d'animaux de la race bovine; il faudrait que le nombre en fût doublé. Nos 32 millions de moutons devraient être portés à au moins 80 millions, et nos 5 millions de porcs à 15 millions. Nos 3 millions de chevaux à 7 ou 8, en les considérant comme les plus puissants auxiliaires de l'homme dans l'agriculture.

Nous y devons ajouter la domestication d'animaux étrangers qui réussiraient parfaitement chez nous.

Nous aurions donc par ce moyen de la viande, des cuirs, de la laine, des suifs, de la corne, du fromage, du beurre, et de plus, des engrais, qui permettraient d'augmenter la fertilité du sol.

Notre attention se porterait encore sur l'augmentation de l'étendue des terrains en prairies, et sur la multiplication des plantes fourragères et des prairies artificielles, dont nous n'avons qu'un million et demi d'hectares. C'est dans cette direction qu'il nous reste le plus à faire.

Ajoutez-y le desséchement des marais, dont nous avons 1,777,600 arpents; en en évaluant le produit moyen à 20 fr. par arpent, nous pourrions avoir, rien que par la mise en culture de nos marais, 35 millions et demi de revenu net, puis le reboisement des montagnes, le nivellement des terrains accidentés, l'application à l'agriculture d'un vaste système d'irrigation. Vous voyez qu'avec des bras, des engrais et de l'eau nous tirerons du sol des produits excédant les besoins de la consommation.

Ceci est, vous le voyez, fondé sur l'expérience, et complètement en dehors de ce qu'on appelle des idées utopiques.

D. Que de capitaux ne faudrait-il pas pour mettre en culture tous ces terrains improductifs, que de soins pour faire pénétrer les bonnes méthodes parmi les agriculteurs? Y arriverez-vous jamais?

R. Les écoles d'agriculture établies par le gouvernement deviendront une pépinière d'agriculteurs habiles et intelligents, et nous y joindrons l'éducation agricole et horticole de la jeunesse, l'agriculture devant être une des parties essentielles de l'éducation publique. Les colonies agricoles et manufacturières qui peupleront les champs, y apporteront des principes nouveaux, une intelligence plus développée, une discipline résultant du sentiment de la grandeur de la tâche qui leur est imposée, une foi vive dans l'avenir de la société démocratique, et la noble fierté qu'éveillera dans les colons l'indépendance qu'ils conquerront à la sueur de leur front, non plus pour un vil salaire, mais pour leur bien-être et pour celui de tous leurs citoyens, dont ils seront les exemples.

Ajoutons-y, comme une nécessité impérieuse, l'éducation donnée aux enfants des campagnes et qui en fera une race d'hommes nouvelle, affranchie des préjugés de leurs pères.

N'est-ce pas assez pour arriver à la réalisation de l'idée qui nous domine? Faire de la France une vaste exploitation rurale dont il n'y aura pas une seule parcelle qui ne produise ce que la fertilité l'appelle à fournir de richesses dues au travail humain.

Nous voulons aussi faire pénétrer les méthodes de la petite culture dans la grande, parce qu'elle centuple les produits et qu'elle est une source de richesses que rien ne peut détruire. L'horticulteur a dompté la nature : il est maître des climats et des saisons; il dit, en confiant la semence à la terre : dans trois mois tu me donneras tes produits, et la terre obéit au commandement de l'homme. Il lui imprime une activité constante : jamais elle ne se repose, elle produit toujours et est toujours féconde, la récolte est suivie d'une autre récolte ; c'est un cercle perpétuel d'ensemencements et de produits.

Quant à nos forêts, nous irons puiser chez les peuples allemands les préceptes que la routine a empêché de prendre racine chez nous, et nous créerons des forêts nouvelles au lieu de stériliser le sol par des déboisements inconsidérés.

D. Ainsi votre ordre social est plus agricole qu'industriel et commercial?

R. Il a pour base l'agriculture, sans nuire à l'industrie et au commerce qui sont les compléments de la richesse des nations; l'industrie, considérée non plus comme une source de bénéfices pour le capitaliste; mais comme la mise en œuvre des matières premières nécessaires à la vie et aux besoins d'échange avec les nations voisines ; le commerce, non plus comme un intermédiaire inutile et improductif; mais comme la répartition entre le producteur et le consommateur, par la voie la plus directe et la plus équitable.

C'est pour arriver à ce résultat que nous mettons l'agriculture à la tête de notre société et que nous remplissons par l'industrie les chômages de l'agriculture, et par l'agriculture les chômages de l'industrie.

D. Quelles améliorations offrez-vous à l'habitant des campagnes ?

R. Une diminution dans les impôts qui l'écrasent, des capitaux pour la mise en rapport de ses terres, des exemples de méthodes de culture améliorées, des primes en instruments aratoires et en bétail pour les plus intelligents, des moyens assurés de placer ses produits par l'entremise de l'État, une nourriture meilleure et plus abondante, et la même garantie pour l'avenir qu'aux autres citoyens, au moyen des caisses de secours mutuels, de l'association et des invalides civils. En voilà certes assez pour le rallier à l'opinion sociale.

DE L'INDUSTRIE.

D. Comment constituez-vous l'industrie?

R. En vaste association des travailleurs, affranchis des chefs d'industrie; mais en la combinant avec l'agriculture.

D. Pourquoi les combinez-vous ?

R. Pour prévenir l'oisiveté résultant des chômages, pour mettre un terme à la misère des classes laborieuses, et contrebalancer les fâcheuses influences de la vie de l'atelier, dans l'intérêt de la santé et de la moralité des travailleurs.

D. Mais les grandes industries y perdront?

R. En aucune façon : car l'association n'exclut ni la division du travail, ni l'emploi rationnel des machines. Il ne s'agit plus, dans notre système, de fabriquer vite et à bon marché pour enrichir quelques spéculateurs, ni de se jouer de la vie des travailleurs ; mais de fabriquer dans les conditions les plus favorables au producteur et au consommateur.

D. Que deviendront les chefs d'industrie dans votre système ?

R. Ils pourront s'associer avec les travailleurs ; mais l'association des corporations ouvrières entre elles, avec la commandite de l'Etat, peut dispenser de l'intervention des chefs d'industrie.

D. Comment les associerez-vous ?

R. Par la réunion, dans l'intérêt général, de toutes les forces et de toutes les intelligences.

Les travailleurs des diverses professions s'associent entre eux, et forment autant de groupes solidaires qu'il y a d'agglomérations nécessaires pour l'exploitation d'une industrie, c'est-à-dire que plus le nombre des travailleurs est considérable, plus ils forment de séries, ayant un règlement et des statuts communs.

Le travail, dirigé par un gérant secondé de sous-gérants, est fait par tous les associés également rétribués. Les bénéfices sont versés dans une caisse commune et divisés en plusieurs parts : l'une sert à former le fonds de roulement de l'association, une autre est répartie entre les associés, une troisième versée dans une caisse pour les besoins éventuels, tels que chômages prolongés, maladies, infirmités, soins à donner aux veuves et aux orphelins ; et une dernière part est versée dans une caisse commune à toutes les corporations pour servir à assister celles dont les chômages frapperaient tous les membres à la fois, pour venir au secours des associations dont les fonds seraient épuisés par des pertes irréparables, et pour des fondations en faveur des vieillards et des infirmes, enfin, pour assurer par un garantisme universel, le bien-être de toutes les classes laborieuses.

D. Que devient la concurrence, ce stimulant puissant, cette source d'émulation ?

R. La concurrence est plus dangereuse qu'utile ; elle nuit aux ouvriers, fait baisser les salaires, ruine les chefs d'industrie, et n'est profitable qu'à ceux qui ont de grands capitaux ; mais elle tourne toujours au détriment de ceux qui n'ont qu'un petit capital ou qui n'ont d'autre capital que leurs bras et leur intelligence.

D. Les salaires sont donc égaux dans votre association ?

R. Sans doute ; mais avant d'établir l'égalité absolue qui appartient à un état meilleur, nous voulons commencer par l'egalité relative entre les professions.

D. C'est une injustice.

R. Pas du tout. Dans le système individuel, il en doit être autrement, parce que chacun, abandonné à ses propres forces, n'a d'autre garantie de bien-être que la continuité de son travail et ses économies. Il craint pour l'avenir, et il a raison ; car il n'est garanti par aucune institution ; et quand la maladie ou la misère le frappe, il n'a d'autre refuge que la charité publique ; mais dans une association vivant de ses ressources, garantissant la vie de tous, et puisant dans un fonds commun à toutes, les capitaux qui pourraient lui manquer, il y a une garantie si complète, que l'injustice serait du côté de ceux qui ne voudraient pas concourir de tous leurs moyens au succès de l'association et au bien-être de leurs co-associés.

D. Pourtant les ouvriers ont repoussé l'égalité des salaires,

R. Oui, parce que dans l'état d'association morcelée, ils ne trouvent pas les garanties que leur offre l'association générale; mais ils commencent à comprendre, ce qui est l'expression de la vérité, que dès qu'un homme a donné à l'associattion tout son temps et ses forces, il a, quelque faible qu'il soit, fait autant et plus même, par suite de sa faiblesse, que l'ouvrier le plus robuste; il a donc droit à la satisfaction de ses besoins. Où est le mérite de la force? Où est le crime de la faiblesse? Faut-il récompenser l'un et punir l'autre de ce qui est l'effet du hasard?

D. Je conçois, pour la fabrication, l'association des travailleurs; mais comment se fera le débit des objets fabriqués, comment se réaliseront les commandes?

R. Rien de plus simple. Une commande venant, soit de la France, soit de l'étranger, arrive à la direction centrale. Elle est envoyée à un des ateliers qui a le moins de bras occupés, ou bien elle est répartie entre tous; on l'exécute et l'expédie.

D. Il y aura lutte, jalousie entre les divers associés, quand il faudra réaliser une commande; c'est à qui voudra l'avoir.

R. Vous vous trompez. Si, comme aujourd'hui, l'absence de ce travail condamnait au chômage ou au dénuement les ouvriers d'un atelier, je conçois qu'il y aurait compétition; ce serait à qui voudrait s'en emparer; c'est justement là ce qui cause la diminution des salaires. Les chefs d'industrie se disputent les commandes, c'est à qui fabriquera au plus bas prix, et si le profit du chef d'industrie est amoindri par le sacrifice qu'il fait au besoin d'occuper les bras de ses ouvriers, pour ne pas laisser échapper un bénéfice, quelque minime qu'il soit, le salaire de l'ouvrier diminue dans des proportions qui surpassent les pertes du maître. Tandis que les associés, ayant un tarif unique, il n'y a plus de concurrence, il n'y a même plus de jalousie, puisque tous les associés ont part aux bénéfices, et que tous les bras inoccupés reçoivent un salaire qui suffit à leurs besoins.

D. Que faites-vous des machines?

R. Nous les conservons et les regardons, en association, non plus comme des ennemis du travail de l'homme; mais comme des auxiliaires qui permettront de fabriquer à aussi bas prix que l'étranger.

D. Mais vous ne pourrez, par vos associations qui absorberont tout le capital de la société pendant la durée des chômages, arriver à constituer une industrie puissante, et fabriquer à aussi bas prix que les chefs d'industrie? Vous comprenez que la position n'est plus la même et que votre organisation est impraticable. Un chef d'industrie occupe 500 ouvriers dans les temps de presse, il en diminue le nombre à mesure que le travail devient plus rare, et il, il finit par congédier tout son atelier, s'il y a cessation complète des affaires. Comment pourrez-vous lutter avec lui?

R. Pour répondre à cette première objection, je vous dirai que l'association n'empêche pas les travailleurs de prélever sur leur salaire une somme qui servira, comme dans les sociétés de secours mutuels qui ont existé jusqu'à présent, à venir en aide aux malades et à ceux qui manquent d'ouvrage, de sorte que le capital de l'association n'éprouvera aucune diminution par suite de la suspension des travaux, et la part qui sera allouée aux associés dans les bénéfices, augmentera leur bien-être sans qu'il puisse en résulter pour la société aucun détriment.

Quant au prix plus élevé que vous croyez résulter de l'association des travailleurs, il n'en est rien. Ils pourront fabriquer à des prix plus bas que le chef d'industrie, puisqu'ils jouiront du bénéfice qu'il faisait sur eux, qu'ils seront eux-mêmes les vendeurs de leurs produits, et pourront faire bénéficier l'acheteur d'une part des profits du marchand. Ils pourront donc donner à meilleur marché. L'expérience le prouve, puisque nous voyons, dans les industries particulières, les ouvriers qui exploitent par eux-mêmes leurs produits, donner à meilleur marché que les commerçants. Les marchés étrangers s'ouvriront donc pour nous à des conditions meilleures. C'est dans ce cas que l'emploi des machines sera l'auxiliaire auquel les associés auront recours sans répugnance, puisqu'elles viendront augmenter leur bien-être.

D. Vous détruisez l'émulation, parce que nul ne se souciera de mettre au service de l'association une invention nouvelle, une simplification ou une amélioration dans les procédés de fabrication, puisqu'il n'aura aucun intérêt à introduire des perfectionnements dont il ne doit pas profiter?

R. L'émulation et l'esprit d'invention seront loin de se ralentir, car il sera accordé à titre de récompense, à l'inventeur ou à celui qui perfectionnera les procédés de fabrication, une prime qui sera prélevée sur les bénéfices qu'il aura procurés à l'association.

Je vois, au reste, que vous raisonnez toujours d'après les préjugés de l'individualisme, et que les progrès de l'esprit d'association ne vous frappent pas assez. En faisant bien comprendre aux travailleurs les garanties résultant de l'association, nul ne se refusera à des sacri-fices dans le présent en faveur de l'avenir.

Quand même, tout se lie dans notre système de garantisme : l'éducation avec la nourriture des enfants dans les écoles, affranchit le père de famille des charges qui l'accablent ; il a donc, avec un salaire égal, moins de dépenses à faire, et il pourra l'appliquer intégralement à ses besoins personnels et à son bien-être.

Une autre considération non moins puissante, sera la cessation de l'obligation pour les travailleurs, d'aller à l'hôpital quand ils sont malades, ou d'y envoyer les leurs : ils seront soignés à domicile, et les chances de mortalité diminueront pour eux, car ils seront soustraits aux impressions morales qui résultent de l'isolement auquel les condamne la pauvreté ; ils échapperont aux maladies qui sont la suite de l'agglomération d'un grand nombre de malades dans un même lieu, et ils pourront passer leur convalescence au milieu des leurs, sûrs de trouver après leur rétablissement, le travail qu'ils cherchent souvent en vain à la sortie de l'hôpital. Si le travailleur est seul, l'isolement et l'inactivité le consument ; s'il est marié, les soucis, les chagrins le dévorent, la vue de la souffrance des siens le plonge dans le découragement, et il tombe de nouveau malade par suite de ces causes de démoralisation.

D. Comment parerez-vous à l'exubérance des bras dans une industrie? Comment réglerez-vous l'apprentissage?

R. Rien de plus facile. Les différentes corporations auront un syndicat, composé de leurs délégués, qui se concerteront sur l'emploi à donner dans chaque industrie aux bras inactifs, pour qu'il n'y ait plus, comme aujourd'hui, une accumulation disproportionnée d'ouvriers, formés par les chefs d'industrie au prorata de leur besoin du moment, sans calculer la misère qui naîtra des chômages. Le chef d'industrie ne se préoccupe que de ses besoins personnels, et nullement du bien-être de ceux dont il se sert comme d'instruments, tandis que les associations proportionneront les bras à la quantité de travail à accomplir.

Il en sera de même des apprentis : le nombre en sera réglé chaque année, jusqu'à ce qu'il sorte des ateliers où les enfants recevront l'éducation professionnelle, des ouvriers faits qui seront aptes à prendre immédiatement rang parmi les associés.

D. Mais l'excédant de ces jeunes travailleurs, qu'en ferez-vous ?

R. Les bras inoccupés seront employés dans des ateliers publics aux travaux généraux qui ne manqueront pas ; avec la combinaison de l'industrie et de l'agriculture, ils trouveront facilement une application de leur force et de leur intelligence, car je considère l'enseignement de l'agriculture comme faisant partie de l'éducation publique. C'est la nourricière des états, et nul ne peut être considéré comme un citoyen utile, s'il n'a pas d'abord passé par les écoles d'agriculture.

D. Ces réformes seront longues.

R. Sans doute ; mais elles ne détruisent ni le principe, ni les avantages de l'application. Quand même, puisque jusqu'à ce jour les ouvriers ont bien vécu dans le système d'isolement, comment voudriez-vous qu'ils ne fussent pas plus heureux par la réunion de toutes les forces, dans le but du bonheur général ?

D. Comment considérez-vous le luxe : le croyez-vous nécessaire à la prospérité des nations ?

R. En aucune façon. Le luxe, quand il est porté à un point excessif, est la preuve que l'inégalité des conditions est arrivée à ses dernières limites ; à côté des palais somptueux, se trouvent de misérables cabanes ; à côté de l'opulence, le plus affreux dénuement, ce qui se voit toujours dans les monarchies, fondées sur le privilége des castes nobiliaires.

L'Angleterre, où les capitaux sont concentrés dans un très petit nombre de mains, est la nation qui renferme le plus grand nombre de citoyens privés des premières nécessités de la vie.

En France, on se plaint depuis longtemps de cette division de la richesse, qui condamne la classe opulente à vivre avec plus de modestie, et c'est par suite même de cette plus grande somme d'égalité, que la misère y est moins affreuse que chez les Anglais, et que la république est plus facile à s'y faire accepter.

Nous tendons à égaliser le bien-être, et par conséquent à diminuer une partie du superflu de la classe privilégiée, pour arriver à une sorte de *nivellement équitable* qui permette à tous de vivre sans faste, mais avec aisance.

D. Le luxe fait vivre pourtant une partie de la classe ouvrière.

R. Rarement les ouvriers qui fabriquent les objets de luxe sont plus heureux que ceux qui confectionnent les objets utiles, et ils ont, de plus que ces derniers, l'inconvénient de chômages plus prolongés, et de suspension absolue de travaux lorsque la moindre crise oblige les riches à s'éloigner et les capitaux à rentrer dans les coffres forts.

D. Vous voulez alors des lois somptuaires, qui empêchent le luxe et le maintienne dans de certaines limites ?

R. Nous ne voulons pas de lois somptuaires qui abolissent le luxe ; mais nous voulons frapper d'un impôt les objets qui servent au luxe, et surtout, ce qui entraîne après soi l'avilissement de l'homme, tels sont entre autres les domestiques, dont nous voudrions voir le nombre si limité, que nul ne pût se livrer sans honte à l'oisiveté et se dégrader jusqu'à endosser une livrée qui est un signe d'esclavage.

D. Que faites-vous des ouvriers qui fabriquent les objets de luxe?

R. Nous faciliterons entre eux les associations, comme entre tous les autres producteurs; mais, bien convaincus que le riche a plus besoin du pauvre que le pauvre du riche, nous ne donnerons pas de prime à la fabrication de tout ce qui tient au luxe. Quant aux objets de luxe fabriqués pour l'exportation, nous n'y mettrons pas d'entraves; c'est justement pour ceux qui fabriqueront ces objets que nous voulons l'association industrielle, combinée avec l'agriculture, à cause de la longueur des chômages et de l'incertitude de la durée des travaux. Nous voulons enfin combiner la liberté individuelle avec l'intérêt général des producteurs.

DU COMMERCE.

D. Les socialistes entendent sans doute le commerce d'une manière différente des économistes?

R. Sans doute : les socialistes sont frappés de voir la société envahie chaque jour par un plus grand nombre d'oisifs et d'improducteurs. Ils s'étonnent du privilége des intermédiaires, le plus souvent inutiles, entre le producteur et le consommateur. Le commerçant devient en théorie sociale non seulement un rouage inutile, mais un parasite dangereux, puisqu'il prélève d'abord un bénéfice sur le salaire du producteur, et qu'il en prend un second sur le consommateur.

D. Comment échapper à cette loi d'échange qui, de tout temps, a régné chez les peuples, même les plus anciens?

R. Par l'association des producteurs, fabriquant les objets d'échange et les débitant eux-mêmes.

Par ce système, il en résulte que le producteur échappe à la loi du chef d'industrie, puis à celle du commerçant, et en troisième lieu, il perçoit, en fournissant directement le consommateur, une plus value sur son travail, ce qui lui permet de vivre d'une manière plus aisée des fruits de son labeur.

Pour citer quelques exemples des inconvénients des intermédiaires, et prouver combien ils sont contraires aux intérêts des producteurs et à ceux des consommateurs, je parlerai de la fabrication des grenades brodées qui eut lieu après la révolution de Février, parce qu'elle montre, d'une part, l'exploitation éhontée, et de l'autre, les bénéfices usuraires faits sur le consommateur.

Elles étaient payées 50 c. la douzaine à l'ouvrière, qui n'en pouvait faire, au plus, qu'une douzaine et demie par jour, vendues au marchand 1 fr. 50, et revendues par celui-ci 6 fr. au consommateur. Si l'ouvrière avait elle-même profité de son travail, et qu'elle eût vendu 2 fr. ce qui lui était payé 50 c., elle eût gagné 3 fr. par jour au lieu de 75 c., prix qui fut réduit plus tard, et le consommateur y eût gagné 4 fr.

Un autre exemple : les sculptures de l'Eglise métropolitaine sont adjugées à des entrepreneurs qui font travailler des sculpteurs auxquels ils paient les prix suivants : celles qui leur sont payées 80 fr. d'après le tarif d'adjudication, ne sont payées que 25 fr. aux sculpteurs ; d'autres, payées 225 fr., le sont à peine 70 aux véritables travailleurs.

Les coloristes sont soumises de la part de l'entrepreneur à la même exploitation. Dans un grand ouvrage illustré : certaines planches payées 25 fr. le cent à l'entrepreneur, n'étaient payées que 7 f. 50 c. à l'ouvrière. Je vous demande quel rôle jouait l'entrepreneur?

Dans la fabrication des éventails, même abus. De jeunes artistes de talent, faisaient à l'entreprise pour un riche marchand de Paris, des feuilles d'éventail qui leur étaient payées 25 fr., et qu'il vendait de 125 à 150 fr. Des gouaches destinées à simuler les éventails anciens, étaient payées de 5 à 10 fr., mises une année ou deux dans des cartons pour y prendre un air de vieillesse, puis revendues de 50 à 100 fr.

Les marchands de tableaux font faire à bas prix des copies à des artistes de talent, et vendent pour des originaux au prix de 4 à 500 fr., des peintures qu'ils paient 75 fr. à l'artiste et qui lui coûtent au moins 15 jours de travail.

Quels bénéfices illicites, honteux, ne font pas les commissionnaires en marchandises, d'abord sur l'ouvrier dont ils sont les plus impitoyables sangsues, puis sur les consommateurs.

Je pourrais accumuler les exemples et vous montrer partout que le commerçant est un intermédiaire inutile et dangereux, que l'association tend à détrôner. De grands ateliers associés et des bazars pour la vente des produits, permettront au producteur de tirer directement parti de son industrie. Il y aura, en cela, tout avantage pour le consommateur qui paiera moins cher.

D. Il y a cependant des commerçants nécessaires, ceux qui tirent de nos provinces ou de l'étranger des denrées qu'ils échangent.

R. Les denrées tirées des provinces pourraient être adressées à des associations mercantiles départementales, qui les recevraient dans des entrepôts et tiendraient compte à leurs commettants du produit des ventes.

Quant aux denrées étrangères, elles peuvent être également reçues par des associations nationales ou étrangères qui en feront de même. J'aimerait pourtant mieux que ce fût l'État qui fît ce commerce.

D. Tout cela n'est-il pas bien difficile?

R. Pas du tout : en raisonnant ainsi, vous avez en vue la condition actuelle du commerçant, possesseur d'un capital qui lui permet de faire travailler le producteur même en dehors de la demande, sans voir le rôle parasitique qu'il joue vis-à-vis du producteur direct et du consommateur, et vous ne voyez que le producteur isolé, sans force de résistance contre l'exploitation.

C'est ce que nous appelons la domination, le despotisme du capital. Que résulte-t-il de l'extension toujours croissante du commerce? C'est que le nombre des intermédiaires augmentant, les bénéfices diminuent; le producteur se trouve frappé d'une baisse dans son salaire, fondée sur le besoin de travailler pour vivre, quel que soit le prix qui lui est offert; et sur l'obligation imposée au petit marchand de payer le moins possible, pour soutenir la concurrence impitoyable que lui font les grandes maisons. C'est une guerre, un véritable combat, qui se termine par la ruine du producteur et souvent par celle du marchand. Cette guerre acharnée, qu'on appelle concurrence, et qui a amené déjà la ruine de tant de petits commerçants, tend depuis quelques années à se régulariser et à concentrer le monopole entre les mains de quelques maisons puissantes, toujours en vertu du privilége dont jouit le capital, qui est un maître impitoyable, et dont la domination tyrannique a engendré bien des misères.

Le but que nous nous proposons par l'association, est de mettre fin à cette lutte, que nous voulons remplacer par la bonne harmonie et l'union des forces productives.

D. Je vous ferai une objection à laquelle vous avez sans doute réfléchi. Puisque vous ne voulez plus d'intermédiaires inutiles, comment ferez-vous pour le boulanger et le boucher : l'agriculteur sera-t-il meunier et boulanger? le laboureur tuera-t-il lui-même ses bœufs ou ses moutons pour en vendre la chair?

R. Ces deux professions, qui sont d'une si haute importance dans un pays civilisé, ont été jusqu'à ce jour protégées par un monopole qui n'a jamais été profitable aux consommateurs.

Le boulanger trompe sur le poids du pain, sur la qualité des farines ; il les mélange même de farines avariées ou de farine de graines légumineuses. La supercherie sur le poids est seule un délit qui devrait être puni sévèrement.

Le boucher vend, malgré la surveillance, des viandes d'animaux mal portants, de la vache fatiguée ou phthisique, et il exerce un monopole plus impérieux encore que le boulanger.

Ces deux commerces doivent être remplacés par des boulangeries et des boucheries communales, qui fourniront au peuple du pain salubre, de pure farine de froment, cuit convenablement et pesant le poids déclaré ; les viandes seront saines, et les bénéfices réels ou frauduleux des exploitants tourneront au profit des consommateurs.

D. Que ferez-vous des marchands de vins ?

R. Le marchand de vins en gros sera remplacé par les entrepôts communaux qui ne donneront que du vin naturel, au lieu de mélanges insalubres qui plongent l'ouvrier dans l'ivresse la plus dégoûtante. Il existe d'indignes trafiquants, riches, honorés, qui ont fait leur fortune en vendant au peuple des vins dont la base était le poiré.

Il en sera de même du commerce d'épiceries, qui comporte tant de fraudes et de sophistications, et que nous voulons remettre entre les mains de l'État ou des communes.

D. Votre système est donc de remplacer les commerçants et les intermédiaires entre le producteur et le consommateur, par l'association des producteurs, directement en relation avec le consommateur au moyen de centres d'échange ou d'entrepôts tenus pour leur compte et dont ils auront les bénéfices, les profits du marchand étant partagés entre le consommateur et eux ?

R. C'est là notre pensée.

D. Vous sacrifiez toute une classe de la société ?

R. Non, parce que le riche commerçant peut fort bien se retirer des affaires quand il verra que les bénéfices ne répondent plus à la soif d'acquérir qui le dévore.

Quant au petit marchand, toujours sous le coup de protêts, saisies, pertes, faillites, etc, lui que ruine une mauvaise année et qui est pressuré par le capitaliste et le marchand en gros, il trouvera dans les entrepôts et les bazars, des fonctions moins incertaines que l'exploitation directe, qui le ruine et l'accable de soucis.

Songez que dans l'état actuel de la société, sur cent marchands, pris dans toutes les branches du commerce, il y en a quatre-vingts au moins de trop.

Nous avons un exemple du mode d'exploitation personnel qui fera comprendre tout notre système. Un capitaliste a établi à deux lieues de Paris une fabrique et ouvert dans la capitale une boutique où il vend lui-même les produits qu'il fait fabriquer. C'est ce que feront les associés : ils auront à Paris ou ailleurs une maison, un atelier, une fabrique ; ils enverront à une ou plusieurs maisons succursales de Paris, les produits fabriqués, et ils participeront aux bénéfices que le chef d'industrie fait sur eux.

Ce système est loin d'être en désaccord avec la liberté, puisqu'il émancipe la majorité aux dépens d'une faible minorité, qu'il moralise les travailleurs, et rend pour eux la vie plus sûre et plus facile.

D. Croyez-vous rallier à vous les commerçants ?

R. Nous ne cherchons que l'intérêt général : si quelques intérêts privés en souffrent, nous ne pouvons, nous , respecter l'intérêt égoïste de quelques-uns au détriment de l'avantage de tous. Quand même, il y aura place et sécurité pour tous dans une association générale dont ils ne seront pas repoussés; car, comme tous les autres citoyens, ils ont droit à la vie ; nous voulons seulement faire cesser une exploitation qui a pour premier effet la misère du producteur.

D. Il y a toujours quelques branches de commerce qui echapperont à ce système?

R. Vous avez raison ; mais pourvu que tout ce qui se rapporte aux nécessités de la vie et doit soustraire les travailleurs à l'exploitation, rentre dans notre organisation, peu nous importe si, pendant quelque temps, certains commerces peuvent échapper à notre système de concentration, l'association s'effectuera plus tôt ou plus tard, et le but vers lequel nous tendons, l'extinction du parasitisme social, se réalisera de proche en proche, jusqu'à ce que la classe des intermédiaires ait été remplacée par la fédération des producteurs.

En attendant, nous aimerions à voir certaines branches de commerce s'associer pour établir entre elles un garantisme qui prévienne les malheurs issus de la concurrence et les affranchisse du joug des monopoleurs ; mais ces associations exigeant une abnégation dont les marchands ne sont pas capables, cette idée peut passer pour une utopie, tandis que l'association des travailleurs est fondée sur une base solide et d'un intérêt si évident pour tous, que nul ne peut refuser sans aveuglement de s'associer à cette pensée.

SCIENCES ET ARTS.

D. Les élèves de l'école de Rousseau se sont élevés contre les sciences et les arts comme une source de démoralisation : les socialistes sont sans doute du même avis ?

R. Nous n'avons pas l'esprit chagrin du philosophe de Genève ; nous voulons, au contraire, que l'homme développe toutes ses facultés, pour que le progrès s'accomplisse dans toute la plénitude de sa force d'expansion. Or, les sciences étant les plus puissants auxiliaires de l'industrie et de l'agriculture, les services rendus par la physique, la chimie et les sciences naturelles, ayant contribué aux progrès de la civilisation, elles méritent des encouragements, et la protection de l'Etat doit leur être acquise.

Nous voulons faciliter au savant les moyens de s'instruire et de faire ses expériences et ses études au milieu du calme qu'elles exigent ; car le salut du progrès en dépend, et les comités des sciences recevront de l'Etat tous les secours et les encouragements que mérite l'importance de leurs travaux.

Les arts sont dans le même cas, ils répondent chez l'homme au sentiment du beau, et l'Etat leur doit aussi son appui; mais les arts et les sciences considérés comme des professions lucratives , transmis héréditairement avec de gros priviléges et constituant un monopole exercé par des hommes sans talents , doivent être bannis de la société, qu'ils encombrent d'inutilités vaniteuses, d'oisivetés corruptrices et corrompues. L'art surtout, déshonoré par tant d'artistes immoraux et sans inspiration, ne doit être pour personne un prétexte d'oisiveté.

Rappelez-vous que les socialistes ont étudié l'homme sous tous les rapports, et veulent son perfectionnement physique, moral et intellectuel.

DU GOUVERNEMENT.

CONSTITUTION POLITIQUE ET ÉCONOMIQUE DE L'ÉTAT.

D. La République est-elle à un tel point préférable à la monarchie, que ce soit la seule forme de gouvernement que vous croyiez susceptible de faire le bonheur de l'humanité ?

R. Oui, parce que ce système de gouvernement étant celui dans lequel l'égalité la plus parfaite règne entre les citoyens, il ne peut s'y introduire les éléments de corruption qui existent dans les monarchies.

Chaque citoyen exerçant dans l'Etat de véritables fonctions publiques, puisque rien ne peut se faire sans son consentement ; chacun étant chargé de veiller à ce que nul ne porte atteinte au respect dû à la loi, et étant soumis lui-même au contrôle de ses concitoyens, il se trouve dans l'obligation de donner l'exemple des vertus publiques, puisque tous ont sur lni le droit de censure. Toutes les charges lui sont ouvertes, parce que le talent et la vertu, et non la richesse, sont les conditions exigées pour être investi de la confiance publique.

Le plus parfait équilibre doit régner dans un état démocratique, parce que tous les citoyens étant appelés à jouir d'une part dans le bonheur social, travaillent à leur propre bien-être en contribuant à la prospérité de la République.

L'amovibilité des fonctions publiques et leur courte durée ; l'élection qui permet à chacun d'éclairer la religion de ses concitoyens sur le mérite du candidat qui sollicite leurs suffrages ; l'équitable répartition des impôts qui pèsent sur celui qui peut les payer, et non sur le pauvre ; la modeste rétribution des fonctionnaires ; l'absence de luxe parmi les plus grands dignitaires de l'Etat ; le soin qu'on y apporte à veiller à ce que l'égalité règne parmi les citoyens de manière que nul ne souffre de l'oppression ; la garantie de bien-être que la société donne à tous les citoyens, sans qu'ils puissent être humiliés par une charité dédaigneuse ; le soin, dans les peines infligées aux coupables, de ne jamais les marquer au sceau de l'infamie ; et pour contre-poids aux passions désordonnées, la réprobation qui frappe tous les actes nuisibles à l'Etat et à la morale privée, donnent à la République un avantage incontestable sur la monarchie.

Cette dernière forme de gouvernement est vicieuse parce qu'elle repose sur l'autorité chimérique d'un seul, qui n'a pour commander aux hommes ni le plus de vertu, ni le plus de talent ; qu'elle consacre l'inégalité entre les citoyens, en reconnaissant une caste nobiliaire privilégiée, ou l'influence dominatrice des richesses ; la suprématie de ce qui flatte la vanité sur la suprématie du bon et de l'utile ; le luxe qui cause la dépravation du pauvre et l'esclavage du travailleur ; la corruption des mœurs par les hommes de loisir ; l'avilissement des citoyens qui servent, comme laquais, à flatter la vanité d'un maître ; la prééminence dans toutes les fonctions publiques des classes privilégiées ; l'emploi permanent de la force et de la violence pour comprimer le peuple qui se débat contre une misère qu'on cherche à perpétuer ; la transmission par voie d'hérédité des fonctions gouvernementales, qui confèrent trop souvent à un prince idiot, ambitieux ou corrompu, le droit de régler le sort d'une nation, qui lui est livrée comme un troupeau de bétail, et, par-dessus tout, l'absence de nécessité pour les citoyens d'avoir de la vertu, puisqu'ils ne sont rien dans l'Etat et n'ont qu'à obéir.

D. On discute beaucoup aujourd'hui sur la valeur du mot de République, il y en a donc de plusieurs sortes ?

R. Hélas, oui, cependant on devrait entendre par République l'Etat modèle dont je vous ai fait le tableau; mais on a tant abusé de ce mot, qu'aujourd'hui il a perdu toute signification. Beaucoup de gens ne voient dans une République qu'un gouvernement monarchique moins un roi, avec l'inégalité des conditions à tous les degrés de l'échelle sociale. C'est le pire des gouvernements; car le peuple n'y a qu'un semblant de liberté et les lois y sont dures et impitoyables, partout la compression s'y fait sentir.

D. C'est sans doute pour distinguer cette fausse république de la vraie, que quelques hommes ont dit : *République démocratique.* Qu'entendez-vous par ce mot ?

R. Celle dans laquelle le gouvernement est entre les mains du peuple, où l'élection est la base de la constitution et où le peuple intervient dans la confection des lois.

D. Mais pourquoi cette distinction, qui a divisé si profondément les partis ? Qu'est-ce alors que la *République démocratique et sociale ?*

R. République aurait certes dû suffire; car c'est le gouvernement par tous et pour tous; mais en présence des mauvaises passions et des préjugés qui s'opposent aux réformes qui doivent améliorer le sort du peuple, mettre un terme à l'exploitation qui le décime, à la misère qui le dévore et au privilége des castes qui possèdent, on a cru devoir ajouter au mot République les deux épithètes : *démocratique et sociale,* pour signifier que la République n'est pas aristocratique, c'est-à-dire n'admet pas de privilégiés, qu'elle est fondée sur la souveraineté du peuple, et a pour but d'introduire dans la société agonisante les réformes qui, en faisant régner l'égalité, contribueront à répandre parmi tous les citoyens la somme de bonheur auquel chaque homme a le droit de prétendre en naissant, et n'a besoin pour cela, d'autre titre que celui d'appartenir à l'humanité.

De là la différence d'appellations qui partagent les citoyens en *Républicains de la veille,* nom par lequel on désigne ceux dont la foi républicaine remonte plus haut que la dernière révolution, en *Républicains du lendemain,* royalistes qui subissent la République en soupirant après la monarchie, en *Républicains démocrates,* qui ne veulent que des réformes politiques et croient que les droits politiques concédés au peuple lui suffisent, et en *Républicains socialistes,* qui ne voient dans la réforme politique qu'un instrument, et qui travaillent à améliorer le sort de la société par des réformes qui égaliseront le bien-être et feront disparaître le despotisme des classes privilégiées.

D. La souveraineté du peuple est par conséquent la base de votre système ?

R. Sans doute : la domination des classes privilégiées, fondée sur l'exploitation de l'homme par son semblable, et qui a créé, avec le prolétariat et la misère, les vices qui naissent de l'ignorance, doit faire place à la *souveraineté du peuple,* qui remet entre les mains de tous les citoyens le pouvoir de nommer des mandataires à toutes les fonctions publiques, de les révoquer, de s'associer librement pour discuter sur les intérêts généraux, d'émettre leurs opinions par la parole et la presse, de contrôler les actes de leurs délégués, pour maintenir dans les limites de la justice, l'administration intérieure de l'Etat, l'activité et la moralité de leurs fondés de pouvoirs, afin que le peuple gouverne réellement par lui-même, et que ses délégués administrent pour lui et dans son intérêt.

D. Le peuple est-il assez éclairé pour être investi d'un pouvoir si grand ?

R. Non, et il l'a prouvé plus d'une fois ; mais l'abus d'un principe bon en lui-même, n'en peut détruire la valeur ; il s'agit seulement de faire pénétrer dans toutes les classes les lumières nécessaires pour qu'elles sachent discerner le bien du mal, le bon du mauvais, l'honnête du déshonnête.

Les abus de la souveraineté populaire se sont assez fatalement produits dans ces derniers temps, pour que ceux qui n'ont pas une foi sincère dans l'éducabilité du peuple, demandent le rétablissement du cens électoral ou l'élection à deux degrés, afin de n'admettre à exercer le droit électoral que les capacités ; mais ces capacités ne seraient-elles pas vénales, cupides, corrompues ? ne tromperaient-elles pas leurs concitoyens ? Si le peuple se trompe, il le fait par ignorance ou par surprise, et il ne lui faut que des guides loyaux et sûrs pour le remettre dans la bonne voie ; de bons comités électoraux, des réunions publiques où il apprendra à connaître ses droits et ses devoirs, l'empêcheront d'errer longtemps et d'être la dupe de sa confiance.

Aujourd'hui la lutte des castes fait du peuple le jouet des querelles de parti, chacun profite de son ignorance pour le tromper et s'en faire, contre la République même, un instrument docile ; mais cette lutte perdra peu à peu de son intensité quand le peuple des campagnes et des villes connaîtra le programme qu'il doit imposer à ses mandataires, et les avantages qui doivent naître pour lui des réformes devenues nécessaires dans toutes les branches de l'administration publique ; qu'il saura que, *dans un gouvernement démocratique, les impôts directs et indirects qui pèsent sur le pauvre doivent être abolis,* afin que la vie lui soit facile, que le *petit cultivateur ou le propriétaire d'une chaumière, ne doit payer aucune contribution,* que l'État *doit à tous le travail ou le pain, à tous l'éducation, à tous enfin, protection et bonheur.* Quand ils sauront cela, ils n'enverront à l'Assemblée nationale aucun autre représentant que celui qui s'engagera à défendre les intérêts réels de la nation.

Avec une bonne éducation publique, tous les inconvénients de la souveraineté du nombre disparaîtront.

D. L'élection est donc invariablement le pivot de votre système de gouvernement ?

R. Certainement : Assemblée nationale, garde nationale, tribunaux, armée, marine, conseils généraux, etc., seront vivifiés et régénérés par l'élection ; mais pour éviter l'abus, l'élection avec faculté de révocation par les électeurs, l'élection avec la responsabilité des mandataires, l'élection sans réélection, si ce n'est au bout d'un certain nombre d'années, pour empêcher la faveur de s'introduire dans le gouvernement.

D. L'Assemblée nationale est-elle constituée d'une manière conforme au système des socialistes ?

R. Oui, seulement les élections se feraient chaque année, sans que les mêmes représentants pussent être réélus ; et ils seraient, pour assurer leur indépendance, réellement inviolables pendant toute la durée de leur mandat.

D. L'élection aurait-elle pour base le suffrage universel ?

R. Oui, tous les citoyens doivent jouir de ce droit ; car nul ne peut se dispenser de l'exercer sans faillir à ses devoirs. Je voudrais même que l'opinion publique se prononçât à cet égard avec une telle sévérité, que tout citoyen qui s'abstiendrait de voter fût réputé indigne de jouir de ses droits civils, et en fût privé pendant un certain temps.

D. Comment procéderez-vous à l'élection ?

R. Par scrutin de liste et au chef-lieu de canton. Un cercle électoral plus large vaudrait mieux encore ; mais jusqu'à ce moment, on ne peut demander de plus.

D. Conserverez-vous le même système d'élection : tous les citoyens, sans exception, pourront-ils être élus?

R. Oui, tous les citoyens dignes par leurs talents, leur patriotisme et leur moralité de représenter le pays, peuvent être élus. Mais je voudrais qu'à côté de l'Assemblée nationale, il y eût plusieurs comités composés d'hommes spéciaux, dont les membres seraient élus comme les représentants, tels qu'agriculteurs, industriels, commerçants, artistes, militaires de terre et de mer, instituteurs, médecins, économistes, savants, etc., qui sauvegardassent les intérêts de la nation, et qu'ils fussent choisis dans des proportions numériques correspondant à l'importance de leurs fonctions.

D. Quel avantage trouvez-vous à ce système?

R. De faire assister l'Assemblée nationale par des hommes compétents. On ne peut nier que l'Assemblée, étant en partie composée d'avocats, de littérateurs, de magistrats, de capitalistes, etc., il arrive le plus souvent qu'elle adopte ou rejette sans maturité des projets de loi d'intérêt général, comme cela s'est vu dans la question du reboisement ; de là ces votes ridicules, frappés de mort en naissant.

Ces divers comités élaboreraient les questions avec connaissance de cause, et les projets de loi présentés à l'Assemblée auraient été précédés d'études sérieuses, et consciencieusement discutés.

D. Comment organisez-vous le pouvoir exécutif?

R. Nous sommes sur ce point d'accord avec tous les démocrates ; nous comprenons que le pouvoir exécutif doit être subordonné à l'Assemblée qui est seule véritablement souveraine. Elle choisirait, soit dans son sein, soit en dehors, des ministres responsables, dont le président, ministre sans portefeuille, serait chef du pouvoir exécutif. Il se retirerait dès qu'il n'aurait plus la confiance de l'Assemblée, ce qui éviterait l'inconvénient d'un président élu par le peuple, et constituant en face de l'Assemblée un pouvoir dominateur, fonctionnant en dépit de la désaffection et de la défiance qu'il aura pu mériter pendant la longue durée de son mandat, et ayant entre les mains un pouvoir dont il pourrait abuser. Dans notre système, plus d'ambitions, plus de vanités briguant ce titre éminent. C'est un rouage gouvernemental d'un fonctionnement commode et sans danger pour les libertés publiques.

D. Tous les fonctionnaires publics seront-ils rétribués?

R. Sans contredit ; mais s'ils le sont sans parcimonie, ils le seront aussi sans largesse. Il est ridicule de dire qu'une grande nation doive donner à ceux qui la représentent des traitements onéreux pour le trésor. Comme l'argent qu'on leur donne si généreusement est l'argent du peuple, il faut procéder avec plus d'économie. Les frais de représentation accordés aux fonctionnaires, bien qu'on les justifie par le besoin de donner de l'impulsion à l'industrie et au commerce, ne cachent rien autre chose que la vanité et la corruption.

D. Pourtant les chefs de l'Etat, les ambassadeurs, les hauts fonctionnaires, doivent tenir dans la nation une place distinguée, et l'importance de leur traitement, leur permet de soutenir leur rang.

R. Ceci est bon dans une monarchie ; mais dans un Etat démocratique, les fonctionnaires publics ne doivent se distinguer que par leurs talents et leurs vertus ; ce sont les commis du peuple, qui les rétribue en raison des services qu'ils lui rendent ; mais il ne doit jamais en faire des agents de corruption en leur donnant des traitements exorbitants.

Pour citer parmi les représentants du pays, ceux qui ont été rétribués avec la générosité la plus imprévoyante, je choisirai pour exemple nos ambassadeurs, qui avaient à Londres et à Saint-Pétersbourg 300,000 f., à Vienne 200,000 fr., et à Rome 50,000 fr., minimum du traitement, et qui absorbaient entre 10, environ, 1,100,000 fr. Les 21 ministres plénipotentiaires avaient en maximum 100,000 fr., et en minimum 25,000 fr. N'est-ce pas réellement scandaleux? Tous ces traitements sont réduits, il est vrai, mais ils sont encore trop élevés. De simples chargés d'affaires, représentant avec dignité les intérêts de la France, vivant avec la modestie qui convient à de vrais démocrates, jouiront d'autant d'estime, quel que soit leur traitement, que s'ils étaient dix fois plus rétribués. L'argent est le plus puissant agent de corruption; il doit donc être dispensé, par l'Etat, qui est l'économe du peuple, avec une sage réserve.

Ce qui est vrai pour les ambassadeurs, l'est aussi pour les ministres, les préfets, les représentants et tous les fonctionnaires publics. Nous considérons l'économie comme la base de toute bonne administration. Notre gros budget ne s'est pas élevé au chiffre énorme d'un milliard et demi, par suite de dépenses que justifient les besoins réels du pays, mais par la dilapidation des deniers publics. On a corrompu, avec l'or arraché au peuple, les hommes qui ont été les instruments les plus actifs de son esclavage. Vous pensez que nous, qui prétendons être les régénérateurs de la société, ne pouvons approuver cette scandaleuse dilapidation du trésor.

D. Votre budget sera donc réduit à des proportions bien exiguës?

R. Bien au contraire, il sera plus considérable; mais comme les fonds de l'Etat seront employés dans l'intérêt de la nation et pour subventionner des institutions capables d'assurer le développement du bien-être général, il n'y aura pas de récriminations contre le chiffre élevé du budget.

DU CRÉDIT PRIVÉ ET DU CRÉDIT PUBLIC.

D. L'Etat étant, dans votre théorie sociale, l'initiateur de tout ce qui tient au bien-être de la nation, votre système de crédit diffère sans doute beaucoup du nôtre?

R. Evidemment, le crédit privé, qui repose sur la confiance qu'inspire l'emprunteur, est soumis à des fluctuations sans nombre et est toujours, en dernier ressort, l'esclave du capital, le dominateur le plus absolu de notre société, et la cause de la misère de la petite industrie et de l'agriculture.

Aussi le numéraire qui, malgré ses proportions restreintes, est le mobile de toutes les transactions et l'agent de l'activité nationale, doit perdre de son influence dominatrice. Voyez le rôle qu'il joue dans une société dont il est devenu le seul Dieu, et l'inique privilége dont il jouit à l'exclusion de tous les autres agents de la richesse. Dans les jours de crise, l'intérêt du numéraire augmente de valeur par suite de sa rareté, tandis que le capital immobilier et les instruments de travail perdent une partie de la leur; il se loue alors à un taux qui est hors de proportion avec les produits du travail qu'il est destiné à féconder. Ainsi, quoiqu'on l'ait obstinément nié, le capital prêté à l'agriculture, qui ne rapporte que 2 à 3 pour cent, est payé par l'emprunteur non 5 ni 6 pour cent, mais bien 8, 10 et plus.

Il faudrait donc que l'intérêt du capital fût calculé sur la valeur véritable des produits du travail humain; et que l'agriculture, qui est la véritable richesse, lui servît de base, par conséquent; que l'intérêt n'excédât pas la valeur du produit du sol.

Nous ne comprenons encore pas le prêt gratuit, qui serait certes, si l'on pouvait réaliser cette théorie, le plus puissant levier de l'industrie et de l'agriculture mais qui n'est pas praticable en ce moment ; nous voulons, d'abord l'abaissement du taux de l'intérêt à 3 pour cent, et que toutes les institutions tendent à empêcher que l'usure ne vienne inutilement écraser l'emprunteur.

Pour faciliter les transactions, nous sentons la nécessité de suppléer à l'absence du numéraire qui se cache et dont le loyer est trop cher, par des bons de banque immobilière, qui sont garantis par un gage bien réel ; quelle que soit la dépréciation des immeubles ; lesquels bons ne portant pas intérêt, devront, pour ne pas demeurer improductifs, être mis en valeur par des travaux d'industrie ou d'agriculture.

Il a été invoqué contre les bons de la banque immobilière, la perturbation que causerait dans le commerce des valeurs métalliques, l'invasion de 2 ou 3 millards de papier-monnaie : c'est, il est vrai, un coup terrible porté au numéraire, aussi les banquiers, les capitalistes et les agioteurs sont-ils les champions du capital monnoyé, source de leur fortune. C'est justement parce que ces mêmes bons enlèveront au numéraire sa prépondérance injuste, que nous voulons leur introduction.

On nous a déjà opposé, sans plus de fondement, car l'expérience toute récente a démenti ces prédictions sinistres, l'influence désastreuse des coupures des billets de la banque de France ; vous les voyez aujourd'hui, circuler et jouir d'autant de confiance que les billets de 1,000 fr. et de 500 fr. La Belgique nous donne l'exemple de la possibilité de faire des coupures plus multipliées encore ; car, pour remédier aux embarras financiers qui menacent son industrie, elle a adopté des coupures de 5 francs.

Les bons de la banque immobilière ont certes plus de valeur que les billets de la banque de France, qui serait ruinée si l'on venait lui demander le remboursement immédiat des billets en circulation, elle qui en a émis pour deux fois plus qu'elle n'a de valeurs métalliques ; tandis que les bons de la banque immobilière, au lieu d'offrir une garantie de 33 pour 100 seulement, en offriraient une de 200 pour 100, puisqu'il ne serait prêté que sur la moitié de la valeur intrinsèque de l'immeuble.

Un autre avantage résultant de ce système, avantage précieux à une époque de crise, c'est que l'Etat percevrait sur-le-champ, en autorisant l'émission de ces bons, garantis par lui qui serait le prêteur, et en en rendant le cours forcé, une somme considérable à titre d'intérêts ; il y aurait donc alors bénéfice pour les particuliers et pour l'Etat.

On parle avec effroi des assignats, dont la création deviendra une nécessité impérieuse, et qui, étant hypothéqués sur les biens de l'état, *déclarés inaliénables*, offriraient plus de garanties que les billets de la banque. On doit pourtant reconnaître qu'ils ont sauvé la République, et n'ont été nuisibles que quand l'émission eut excédé les limites de la raison.

Je suis convaincu, par l'expérience du passé, par l'exemple actuel des Etats étrangers qui ont tous du papier-monnaie, que l'Etat doit, en cas de pénurie du trésor, établir un papier-monnaie. De l'aveu même des financiers de bonne foi, et des propriétaires qui sont victimes de la crise, c'est là le seul moyen de salut.

En Prusse, la propriété est déjà mobilisée, avec cette différence que l'Etat n'a pas donné un cours forcé aux billets de circulation, ce qui n'empêche pas qu'ils n'aient cours et soient cotés à la bourse.

En Angleterre, les *warrants* servent à faciliter les échanges ; ce sont des certificats de garantie ayant pour gage des marchandises déposées dans les entrepôts.

En 1797, lors des guerres que l'Angleterre soutint contre la France, Pitt convertit les billets de banque en un véritable papier-monnaie, en déclarant leur non-remboursement, et il réussit à sauver ainsi l'Angleterre sans qu'il en résultât une banqueroute, parce qu'il n'en exagéra pas l'émission.

Or, je veux également qu'une sage réserve préside à cette création de papier-monnaie; aussi, tout en reconnaissant l'efficacité des moyens employés par Law, Pitt et la Convention, je n'entends pas dire que ce système puisse permettre de battre indéfiniment monnaie.

Nous n'imiterons pas non plus la folie désastreuse des banques américaines : car les coupures infinitésimales de leurs billets, devenus la monnaie du pauvre, causèrent une commotion générale quand elles suspendirent leurs paiements; mais nous sentons la nécessité de tenir le capital en bride, parce qu'il est un dominateur tyrannique; d'un autre côté, il faut éviter l'écueil du déplorable système de crédit de l'Espagne, qui, n'ayant ni banque, ni papier-monnaie, est d'une pauvreté proverbiale.

Nous voulons maintenant, pour compléter notre système de crédit, remettre les banques entre les mains de l'Etat. Outre leur service comme banques de circulation et d'escompte, elles auraient partout des succursales et seraient en même temps des banques de prêt pour subvenir aux besoins de l'industrie et de l'agriculture; et moins impitoyables que les capitalistes, elles prêteraient sur bonne renommée et moralité en se contentant du plus minime intérêt. C'est entre ses mains que nous voulons concentrer toutes les opérations financières, afin d'éviter les déceptions ruineuses auxquelles a donné lieu un excès de confiance dans les maisons de banque particulières. De plus, ceci rentre dans notre projet de créer à l'Etat des revenus ayant une source plus certaine, moins vexatoire et moins dispendieuse pour le recouvrement, que ne l'est l'impôt.

D. Je croyais que vous vouliez substituer l'échange à tous les autres moyens de transaction?

R. L'échange est encore en voie d'essai; il appartient à un état de choses plus avancé ou tout à fait primitif. Il arrivera peut-être une époque où la société, constituée sur la base de la solidarité universelle, rendra le commerce par voie d'échange d'une application plus générale, mais nous n'en sommes pas encore arrivés à ce point. Revenez de vos injustes préventions et connaissez mieux les doctrines sociales. Comme nous ne sommes pas des hommes absolus, je dois vous dire qu'après la révolution de février, j'aurais voulu que l'Etat fut venu au secours des maisons de banque pour les empêcher de suspendre leurs paiements, et 20 millions eussent suffi; et au lieu de créer cette pasquinade ruineuse qu'on a appelée *ateliers nationaux*, j'aurais commandité pour 15 ou 20 millions les grandes fabriques afin d'empêcher la suspension du travail, et conserver nos débouchés extérieurs dont l'Angleterre profite aujourd'hui et qui se rouvriront difficilement; les réformes eussent pu alors se faire avec maturité.

D. Je comprends parfaitement votre système de crédit privé; mais comment constituez-vous le crédit public?

R. Autant nous voulons établir sur des bases inébranlables le crédit privé, autant aussi nous frappons impitoyablement le système ruineux du crédit public, que nous regardons comme une monstruosité signalée, à sa naissance, par le promoteur de ce même crédit. Necker a dit : « *L'introduction du système des emprunts n'est pas très-ancienne; et il serait à désirer, pour le bien de l'humanité, qu'on ne l'eût jamais connu.* »

Delasalle, comme tous les bons esprits, s'élève contre ce détestable système, et s'écrie : *Comment a-t-on pu d'avance interdire des générations entières, les déshériter par anticipation ?*

Le crédit public est non-seulement onéreux pour les nations qu'il obère ; mais il est tyrannique en ce qu'il met entre les mains des mauvais gouvernements tous les moyens d'oppression ; il leur permet d'entretenir des armées permanentes qui sont un instrument de despotisme, et il engendre des révoltes, en obligeant, pour combler le vide que ces emprunts onéreux causent dans le trésor, à établir de nouveaux impôts qui pèsent toujours sur le pauvre. Quand on songe que la dette consolidée ou les rentes perpétuelles inscrites sur le grand livre et le fonds d'amortissement s'élèvent à 291 millions ; qu'en y ajoutant les emprunts spéciaux, les intérêts des cautionnements, les dettes viagères, la dette flottante du trésor et les dotations, on arrive au chiffre exorbitant de plus de 400 millions, ne doit-on pas maudire les économistes qui ont obéré le pays, et qui mettent l'État dans la nécessité fatale de faire banqueroute si la crise se prolonge ? Par notre système de crédit, nous voulons éviter la banqueroute.

J'ajouterai qu'à la chute de l'empire, la dette publique n'était que de 64 millions, et que c'est pendant la paix que nous nous sommes élevés à ce chiffre monstrueux, sans que rien de grand ni d'utile n'ait été créé ; on n'a ni encouragé l'agriculture, ni établi un vaste système d'enseignement, ni garanti aux classes laborieuses un avenir plus doux dans leur vieillesse ; mais on a entretenu des fonctionnaires dociles, une armée destinée à contenir un peuple qui détestait ses maîtres, une marine qui n'a jamais énergiquement protégé les sujets français établis à l'étranger, soudoyé toutes les consciences vénales, et de plus, honteusement payé l'étranger qui avait ramené des rois aussi méprisables que méprisés.

Ajoutons que l'agiotage et les honteuses spéculations de bourse prennent leur source dans cet abus du crédit, et qu'avec sa chute on mettrait fin à ces basses industries qui, par la rapidité avec laquelle on peut arriver à la fortune, font renoncer les ambitieux aux moyens honnêtes de parvenir à l'aisance, ce qui déconsidère le travail.

D. Vous révolutionnez alors tout notre système financier ?

R. Nous réformons les abus, les exactions ; nous fermons les sources de corruption et d'immoralité en fécondant le travail par un large système de crédit privé, et en établissant sur des bases solides, propres à alléger les charges du peuple des villes et des campagnes, les ressources de l'État, qui devient alors un économe intelligent au lieu d'être un dilapidateur insatiable.

L'IMPOT.

D. Notre système d'impôt vous semble-t-il nécessiter des modifications ?

R. Comme tout le reste : car il pèse sur le pauvre, et n'est léger que pour le riche.

Le travailleur des villes est écrasé par les octrois, qui rendent pour lui le prix des denrées trois ou quatre fois plus cher qu'il ne le devrait rationnellement être ; le paysan qui n'a qu'une cabane ou un petit coin de terre, lui qui ne voit jamais l'argent affluer dans ses mains, est ruiné par les impôts fonciers ; pour le riche, au contraire, l'impôt est un mince fardeau, car il porte sur son superflu, tandis qu'il atteint le nécessaire de l'ouvrier et du paysan.

D. Ainsi vous voulez l'impôt progressif ?

R. Sans contredit ; non pas parce qu'il doit compenser la diminution qui en résultera dans les recettes, et qu'il rétablira l'équilibre financier, mais parce qu'il est conforme à l'équité.

Il est temps de sortir de l'ornière profonde creusée par les monarchies, et l'équilibre ne peut s'établir en démocratie qu'en faisant peser les charges sur ceux qui peuvent les supporter. Je vous ai déjà démontré, en parlant des cotes foncières et immobilières, que le pauvre, et toujours le pauvre, est frappé par l'impôt dans des proportions inégales, puisqu'elles portent sur son nécessaire.

D. Comment y remédiez-vous? L'impôt est un mal nécessaire ; en dégrevant le pauvre de toutes ses charges, vous arrivez à l'annihilation des revenus publics. Les droits sur les boissons rapportent 103 millions, le monopole du sel produit 70 à 72 millions, les contributions foncières 280 millions, les portes et fenêtres 35 millions, etc. Si vous voulez favoriser l'industrie vinicole, vous perdez vos 103 millions ; si, cédant aux instances réitérées des agriculteurs, vous rendez la liberté à la fabrication et au commerce du sel, et vous perdez sur ce chapitre du budget 72 millions. Enfin, d'après la statistique de la richesse, vous conviendrez que, quelque grevée que soit la classe privilégiée, dussiez-vous même frapper le revenu dans des proportions inéquitables, vous ne pourrez combler le déficit qui résultera du dégrèvement de la classe pauvre, qui paie proportionnellement peu, mais est si nombreuse, que l'accumulation des petites sommes perçues sur elle, forme des centaines de millions. Vous réduirez alors votre budget de manière à rendre les services impossibles.

R. Nous voulons, au lieu de dégrever le budget, en augmenter certains chapitres, tels que l'agriculture, l'instruction publique, les travaux publics, dans des proportions quadruples, si nous n'allons pas même au-delà. Mais nous avons un remède à tout ceci. Nous commençons par réduire à des proportions raisonnables les traitements élevés des fonctionnaires de tous les degrés, sans porter atteinte au bien-être de ceux de l'ordre subalterne ; nous supprimons les dépenses inutiles et le gaspillage si scandaleux qui existe dans l'armée, dans la marine, partout enfin. Nous supprimons le budget des cultes et une partie de celui de la justice ; par une organisation démocratique [de l'armée, nous allégeons nos charges ; et, pour augmenter nos recettes, nous cherchons, en progressant de manière à ne causer aucune perturbation violente, à remplacer graduellement l'impôt, toujours odieux, toujours vexatoire, par des revenus fixes, dont les produits rentreront dans les caisses de l'État.

Examinons les sources actuelles des revenus publics. Les postes rapportent près de 52 millions, les tabacs 120 millions, les poudres près de 7 millions. Pourquoi l'État n'aurait-il pas des sources nouvelles de revenu ?

Nous lui donnons l'exploitation des banques, les transports par terre et par eau, les assurances, les tontines, les mines et carrières, les bois, les grands travaux généraux, plus le commerce des blés, du bétail et des vins, la boulangerie, la boucherie, tout ce qui tient aux nécessités de la vie.

D'un autre côté, en délivrant le peuple des sangsues qui l'épuisent, et en substituant aux tarifs élevés des officiers ministériels de simples droits perçus par des agents directs du pouvoir, et qui rentreraient dans les caisses de l'État, nous détruisons un abus et créons des revenus nouveaux. Ainsi, nous supprimons les notaires que nous remplaçons par des fonctionnaires municipaux, réservant à un tribunal supérieur la solution des questions litigieuses, ce qui ferait affluer dans les caisses de l'Etat ; au plus grand avantage des parties contractantes, une partie des sommes énormes qui servent à enrichir dix mille citoyens improductifs.

Les huissiers et tous ces médiateurs ruineux entre les parties contendantes, seront remplacés par des agents de l'autorité publique, qui ne prélèveront que les droits les plus minimes, sans ôter à la loi son action ; mais en réformant les abus engendrés par la cupidité.

Nos économies auraient une autre source ; le mode de perception est très-onéreux, il coûte seul 150 millions à l'Etat ; c'est pourquoi nous le reformerions de la manière la plus radicale ; en cela nous ne ferions que rétablir ce qui existait sous l'ancien régime, car la haine des institutions de la monarchie avait fait détruire jusqu'à celles qui étaient les plus justes. Ainsi, chaque commune ayant connaissance du contingent qui lui est assigné dans la répartition de l'impôt, ferait sa répartition en présence des intéressés, qui désigneraient des délégués pour surveiller le travail et recevoir les réclamations. Il serait nommé un collecteur gratuit qui effectuerait la recette sans frais et sans vexations. Ce collecteur, allant lui-même chez les contribuables, pourrait donner des facilités à ceux que des impossibilités respectables empêcheraient de payer intégralement. Alors plus de significations onéreuses qui sont pour le percepteur une source de profits iniques ; ce serait, pour la portion de l'impôt qui serait conservée, le mode de perception le plus doux et le plus facile ; d'un autre côté, les rentrées seraient assurées, puisque les communes en seraient responsables, et l'Etat y trouverait une économie de 150 millions.

Nous voulons enfin que l'État ait, outre l'impôt, des revenus qui assurent les services publics, ce qu'on peut obtenir avec une administration organisée sur un pied sévère et économique, sans gaspillage, sans malversation, conciliant l'intérêt général avec le bien-être des fonctionnaires ; mais n'autorisant ni le cumul, ni les traitements scandaleux, ni les profits honteux.

DOUANES.

D. Les socialistes sont sans doute partisans de la liberté illimitée des échanges entre les peuples ?

R. Les douanes, qui sont une des plus iniques entraves apportées aux relations des peuples, ont eu pour origine la cupidité du fisc, l'égoïsme national et l'ignorance des véritables principes d'économie sociale, puisqu'elles obligent à acheter à un prix élevé, dans l'intérêt d'un petit nombre de privilégiés, les objets naturels ou manufacturés qu'on pourrait obtenir à bas prix en les achetant dans les localités où les producteurs les créent à meilleur marché. Ainsi, l'intérêt du fisc et celui de quelques monopoleurs, mais non pas celui de l'industrie, voilà tout le secret de nos douanes.

D. Nous serions donc alors les tributaires de l'étranger ?

R. De même que l'étranger est notre tributaire pour les produits de notre sol et de notre industrie.

D. En cas de rupture avec les nations étrangères, nous serions privés des produits dont nous ne pouvons nous passer, et nous souffririons faute d'avoir su protéger notre industrie nationale ?

R. Puisque vous prenez la défense des consommateurs et que vous prévoyez l'influence désastreuse d'une guerre étrangère, dites-moi pourquoi on a favorisé nos colonies, au détriment des producteurs de sucre indigène, quand une guerre peut nous priver de cette ressource ?

Ne serons-nous pas aussi, dans l'ordre naturel, tributaires des pays tropicaux pour les cotons, l'ivoire, les bois exotiques, les médicaments, les parfums, etc., de même que les peuples du Nord et ceux du Midi seront les nôtres pour nos vins, nos huiles, nos soies, nos articles de mode et tous ceux que nous fabriquons avec une rare perfection ?

En bonne économie sociale, *le commerce extérieur doit être, pour les produits naturels, l'échange de l'excédant de la consommation intérieure.* Si nous frappons d'un droit exorbitant les produits naturels étrangers, les nôtres seront frappés par représailles, et les prix avilis de nos denrées, condamneront à la misère nos producteurs nationaux.

Pour les produits ouvrés, nous pouvons acheter à l'étranger des matières premières, si nous avons avantage à les exporter quand elles auront été métamorphosées par l'industrie; mais à la condition que nous ne serons pas obligés, pour soutenir la concurrence, d'abrutir nos populations industrielles par un travail excessif, de leur imposer la misère, la dépravation et une mort prématurée; car un homme vaut mieux qu'un cachemire ou un écu.

D. Mais les douanes existent partout; et si cette institution était mauvaise, elle eût été repoussée par les gouvernements?

R. Le même préjugé et les mêmes vices existent aussi partout, le fisc est partout cupide, partout les privilégiés sont avides et les monopoleurs insatiables; cependant Venise, Gênes et la Hollande, qui avaient consacré la liberté du commerce, lui ont dû la plus grande prospérité.

Jetons maintenant les yeux sur quarante mille douaniers improductifs, nuisibles, grossiers, insolents, et sur le double de contrebandiers qui se démoralisent dans cette lutte contre le fisc, et deviennent par cela même improductifs et dangereux.

Sous le rapport économique, les douanes qui nous rapportent 70 millions, nous en coûtent plus de 26, et la différence pourrait être compensée par les sources de revenus que nous concédons à l'Etat.

Tout notre système se résume en ce peu de mots : *toute industrie ne pouvant soutenir la concurrence étrangère, est établie sur une base fausse, et le gouvernement ne doit pas la soutenir.* Il doit favoriser, au contraire, toutes celles qui sont inhérentes au climat et à l'industrie locale, et dont les produits peuvent être facilement exportés ou échangés contre les produits qui nous manquent; mais un gouvernement soigneux de l'intérêt de tous les citoyens, ne doit tolérer le commerce d'exportation que quand la répartition des produits a répondu aux besoins de tous.

D. D'après ce système, si la guerre interrompt nos relations avec la Suède, nous sommes privés de fers, et nos usines éteintes ne pourront se rallumer à temps pour nous en procurer?

R. Rien n'empêche que l'Etat n'ait ses usines, afin de ne jamais manquer de fer, et qu'il s'affranchisse de l'étranger pour tout ce qui est nécessaire à la défense nationale; mais ne perdez pas de vue que le but que nous nous proposons est de créer une nation indépendante et heureuse plutôt que riche. Que la richesse la plus précieuse est la production et la juste répartition de tout ce qui est nécessaire à la vie et au bonheur des citoyens, et le meilleur système d'échange, celui qui contribue à la fraternité des relations avec les Etats voisins.

D. Les peuples d'origine différente seront toujours ennemis?

R. Ceci est faux : les préjugés qui séparent les peuples ne viennent que des gouvernements, et la plupart de nos guerres ont été causées par l'orgueil et l'ambition des rois. Il est temps que les peuples, unis dans une sainte fraternité, ne luttent plus entre eux que pour améliorer leurs institutions et arriver au plus haut degré de civilisation, de développement intellectuel et de sécurité sociale.

D. Vous détruisez la patrie?

R. Nous avons de la patrie une autre idée que les politiques modernes : nous regardons tous les hommes comme des frères ; nous sommes prêts à leur tendre une main amie, sans acception d'origine, de langue ou de religion, et nous ne croyons à la nécessité de la guerre que si des agresseurs injustes viennent envahir notre territoire. Patrie a été jusqu'à ce jour synonyme d'égoïsme national, et cet égoïsme a été entretenu par les rois. Que les barrières qui séparent les peuples tombent, que les chefs qui les ont poussés les uns contre les autres disparaissent, et la guerre n'attristera plus nos yeux, nous aimerons toujours le sol où nous avons pris naissance ; mais nous ne haïrons pas pour cela les nations voisines, avec lesquelles nous chercherons, au contraire, à entretenir des relations cordiales et fraternelles.

DE LA JUSTICE.

D. Vous ne trouvez sans doute rien à redire à notre organisation judiciaire ; car c'est en France qu'elle est le plus conforme aux lois de la justice éternelle, et nos Codes servent de modèle à toutes les nations civilisées ?

R. Je suis fâché de ne pouvoir, comme vous, admirer notre organisation judiciaire, car je trouve que tout est à refaire dans cette partie de nos institutions.

D. Notre justice est gratuite.

R. C'est-à-dire que nos juges rendent gratuitement leur sentence ; mais pour arriver jusqu'à eux, que de frais d'avoués, d'huissiers, d'avocats! que de formalités dispendieuses, de chicanes ténébreuses qui ruinent le demandeur et le défendeur.

Je regarde le budget de la justice comme le plus onéreusement grevé ; et c'est, après celui des cultes, celui que j'aimerais à voir le plus léger.

D'abord, je veux que dans un état démocratique nul ne puisse, faute d'argent, être privé de recourir aux tribunaux, tandis qu'aujourd'hui la plus mince affaire exige des avances qui nous font renoncer à défendre nos droits. Ainsi je voudrais que les procès civils fussent jugés par de simples arbitres, comme cela a lieu dans un grand nombre de différends commerciaux, sans qu'il en coûtât rien aux deux parties ; et, en cas de désaccord, l'adjonction de deux autres arbitres ou un nouvel arbitrage. Alors il ne serait plus besoin de cette légion de vautours rapaces et parleurs qu'on appelle gens de robe ; la signification du jugement arbitral le rendrait exécutoire, sans que nul ne pût s'y soustraire, sous peine d'être appelé devant les cours criminelles.

D. Mais la connaissance des lois est indispensable pour qu'un jugement soit rendu d'une manière conforme aux us et coutumes de la justice ?

R. C'est justement ce que je dénie : nos Codes sont d'une élasticité que connaissent trop bien les vieux renards du barreau, et la raison, la justice cèdent souvent aux spécieuses apparences du droit. Aussi n'est-il pas rare de voir deux causes identiques jugées d'une manière contradictoire. Nos fastes judiciaires fourmillent d'exemples semblables. Nous avons tous cent fois admiré les jugements des Orientaux, qui certes ne connaissent ni les Pandectes, ni le code Justinien, ni nos légistes modernes : ils s'en rapportent aux simples lumières de l'esprit, et il n'en faut pas davantage pour rendre un jugement équitable.

D. Mais les crimes, si nombreux, tant contre les choses que contre les personnes, comment les punirez-vous?

R. Je commencerai par vous dire que les socialistes sont les ennemis déclarés de la peine capitale et des peines infamantes. Notre attention principale est de prévenir les délits pour n'avoir pas à les punir. Passons en revue les crimes qui affligent notre société:

Le *vol* est causé par l'absence de direction morale dans la jeunesse, par la débauche et la misère. Comme la direction morale sera le but de notre éducation publique, que les enfants ne seront pas abandonnés aux suggestions des mauvais exemples, que la débauche, frappée de la réprobation publique, sera forcée de se cacher dans l'ombre, et que les institutions, garantissant à tous le travail et le pain, ne permettront plus à la misère de dégrader l'homme; le vol sera, sinon impossible, du moins il deviendra une monstruosité dans l'ordre social. Ainsi, l'éducation et la garantie du bien-être remplaceront nos lois pénales, nos prisons et nos geoliers.

Les *meurtres* sont commis par des hommes qui ont fait quelques pas de plus dans la voie que je viens de signaler plus haut, et chez lesquels l'endurcissement vient de l'habitude du mal. Les moyens qui préviendront le vol, préviendront l'homicide par cupidité.

Nous avons encore le parricide; les mêmes causes et la modification de la législation sur l'héritage rendront cette convoitise criminelle tout à fait inutile.

L'*infanticide* vient de la fausse idée que vous vous êtes faite des relations de l'homme et de la femme hors l'état de mariage, et de la réprobation dont vous frappez les filles-mères. Une existence assurée pour les femmes les rappellera au devoir de la maternité, et la flétrissure disparaissant de nos mœurs comme une barbarie indigne d'un peuple civilisé, les enfants naturels jouiront des mêmes droits que les enfants dits légitimes; car, dans la nature, il n'y a pas de bâtards, ce sont toujours des êtres humains. Il ne peut y avoir de crainte de misère pour l'enfant auquel le jour aura été donné hors l'état de mariage, puisque la société est là pour recueillir celui que la mère ne pourra nourrir, mais en conservant à celle-ci ses droits et son titre de mère; et l'infanticide n'étant plus une nécessité imposée par la société, ce crime disparaîtra ou deviendra un acte de folie.

L'homicide par vengeance ou par jalousie existera sans doute tant qu'il y aura des passions véhémentes dans le cœur de l'homme; mais comme le coupable peut être, en dehors de cet acte répréhensible, un homme doux, de mœurs sévères et d'un esprit élevé, c'est un malade, un fou dangereux qui sera puni par des peines morales, telles que la privation de ses droits de citoyen, la réprobation générale, certains services publics rudes et désagréables, sans que la société lui ferme à jamais son sein; car elle n'a pas le droit d'être impitoyable.

Nous avons encore le *viol*, dépravation venue de la difficulté de relation des sexes, d'une éducation vicieuse et de penchants exaltés que la société peut comprimer, mais n'éteindra jamais sans doute. C'est encore un cas pathologique, une maladie qui sera punie par les mêmes moyens; mais qui deviendra plus rare.

Ainsi, vous le voyez, les accusations de barbarie si généreusement dirigées contre nous, viennent échouer devant l'exposition de nos idées, car il résulte pour nous de vos lois pénales, qu'elles déshonorent le coupable et flétrissent toute la série des agents de répression qui en sont les bourreaux et les instruments.

D. Mais comment, alors, organisez-vous votre justice?

R. Pour les procès civils, l'arbitrage et l'intervention des juges de paix, dont la compétence sera sans limites comme arbitres supérieurs; pour les procès criminels, le jury, partout, dans toutes les circonstances où les hommes en appellent à la justice, pour obtenir réparation d'une iniquité ou d'un dommage, ou quand un crime est venu porter le trouble dans la société.

Nous allons plus loin, nous voulons arracher les citoyens aux tribunaux exceptionnels; et l'armée elle-même, excepté dans le cas où elle est en présence de l'ennemi, et sans même modifier son organisation actuelle, sera jugée par le jury civil, afin que nul ne soit soustrait à la justice du pays. Les grades de l'armée seront inamovibles, et nul ne pourra être cassé sans un jugement. Nous substituons la caution morale à la détention préventive, et nous remplaçons les juges d'instruction par un jury.

D. Ainsi donc, tous les délits ou tous les crimes sont, d'après votre système, soumis à la juridiction civile, dont les citoyens sont les organes?

R. Sans doute, tel est notre but; mais nous voulons aussi prévenir par tous les moyens possibles les crimes qui ont jusqu'à ce jour été la plaie des sociétés, et n'ont, je le répète, été causés que par l'absence d'éducation, de moralité publique et surtout de bien-être. Il y a, croyez-le bien, plus de sources de vertus dans la satisfaction des besoins du présent, et dans la sécurité de l'avenir, que dans les plus gros livres de morale, dans nos codes, nos prisons, nos geôliers, nos bagnes et nos bourreaux, qui ne remédient à aucune des causes physiques et morales de dépravation.

D. En supprimant tout le corps judiciaire, en substituant aux officiers ministériels des arbitres ou des fonctionnaires municipaux, vous foulez aux pieds les droits acquis?

R. Nous rompons avec un passé qui a engendré le mal, pour ouvrir une nouvelle voie qui doit avoir le bien pour résultat. Nous remplaçons l'arbitraire, la cupidité, l'étroitesse de nos lois élastiques par la justice, prompte, sûre et gratuite; car la société qui ne réprime le mal et ne contient les natures vicieuses que pour la sécurité du corps social, ne peut se montrer inique envers les citoyens qui attendent d'elle la justice.

DE LA POLICE.

D. La police entre-t-elle dans vos plans de réforme?

R. Sans contredit : c'est une des plus honteuses institutions que nous ait léguées la monarchie, c'est la délation organisée, la corruption systématisée.

D. Il faut cependant une police pour la sûreté des villes et des gouvernements?

R. Avec une bonne organisation sociale ayant pour principe immuable de prévenir le mal pour n'avoir pas à sévir; en empêchant par une bonne éducation la démoralisation de l'enfance; par le bien-être, le développement des passions vicieuses chez les adultes, en ne tolérant pas dans la cité des éléments de corruption parmi lesquels la police choisit ses agents, *il n'y a plus d'autre police que la police municipale*, et dans un état bien organisé, les citoyens sont les véritables conservateurs de la morale publique. C'est pourquoi chaque quartier aurait ses censeurs, choisis parmi les citoyens les plus moraux, responsables de tout ce qui se passerait dans la circonscription dont la surveillance leur serait confiée.

La misère, la débauche, les exemples contagieux, sont la source des plaies morales qui affligent la société : fermez la source de ces vices, et le mal cessera.

Que fait votre police, non préventive, comme la nôtre, mais toujours armée et toujours prête à punir avec une dureté inhumaine ? Choisissons un exemple entre tous : elle prend un enfant en état de vagabondage, l'enferme, désœuvré, avec des enfants dont le cœur est déjà dégradé par la corruption, et elle le rend à la société plus corrompu qu'elle ne l'en a reçu ; il grandit et lui revient coupable d'escroquerie ; cette fois elle le punit par la prison ; dans un contact de tous les instants avec les voleurs, il en sort complètement perverti ; plus tard elle le retrouve voleur de profession, alors elle l'envoie au bagne. Si c'est à terme, il en sort assassin. Elle n'a plus alors d'autre moyen de répression que l'échafaud : triste société que celle qui ne peut maintenir l'ordre dans son sein que par les cachots, les fers ou la mort !

Les êtres corrompus qui, dans une société meilleure, troubleront la paix ou la sécurité publique, seront à tout jamais bannis de son sein ; mais sans barbarie, sans inventer d'ingénieuses tortures. La justice éclairée saura distinguer les natures rebelles, perverses, que rien ne pourra modifier, et que recevront des colonies lointaines, de ceux dont le cœur n'est pas fermé au repentir ; ces derniers seront jugés avec une bienveillance paternelle, les peines qui leur seront infligées ne leur feront pas regarder la société comme une ennemie irréconciliable, et ils pourront rentrer dans son sein après une expiation dont la durée sera proportionnée à la gravité du délit.

D. Je vous concède qu'une police municipale et des censeurs puissent suffire à la surveillance des villes; mais il faut une autre police, celle qui veille à la sûreté de l'Etat ?

R. Celle-là je la honnis, comme indigne d'un peuple civilisé !

Si la société était bonne, personne ne conspirerait contre elle ; elle est mauvaise, elle s'entoure d'espions et de délateurs, parce qu'elle a la conscience de son iniquité.

Le délateur et l'agent provocateur sont au point de vue moral, le comble de la dégradation de l'espèce humaine. Le voleur qui arrête un passant au détour d'un chemin et lui demande la bourse ou la vie, est moins odieux que l'homme qui s'insinue dans les secrets d'un autre homme, le provoque à des confidences et va ensuite le vendre lâchement, c'est le dernier degré de la bassesse. Je déclare coupable de la plus lâche corruption le gouvernement qui accueille les délateurs et les soudoie.

Or, le gouvernement démocratique qui hait toutes les turpitudes, ne peut accepter les services des hommes assez pervers pour faire métier de vendre leurs frères ; ils ne peuvent être payés que par les tyrans, et les oppresseurs du peuple.

Si nous examinons maintenant les services rendus par la police secrète, nous verrons qu'elle n'a pas empêché les révolutions, ni garanti de leur chute les souverains que le peuple a repoussés. Napoléon avait une police secrète qui comptait dans ses rangs des agents appartenant aux plus hautes classes de la société; il tomba quand le peuple, qu'il avait fatigué de son joug autocratique et de ses prétentions dynastiques, lui retira son appui ; Charles X avait une police non moins bien servie, et les journées de juillet vinrent prouver l'impuissance de la sagacité des Mangin et des délateurs soldés ; Louis-Philippe avait des agents qui lui révélaient les secrets de tous les complots et pénétraient dans le sein des sociétés secrètes; ce qui n'empêcha pas les tentatives de Fieschi, d'Alibaud, de Darmès, de

Lecomte, etc. ; ni les journées de février. Dans nos derniers événements, les délateurs bénévoles et soldés ont été de la plus merveilleuse activité ; la surveillance individuelle a été exercée sur la plus vaste échelle ; ces précautions ne serviront de rien si le gouvernement ne se montre pas sincèrement dévoué aux intérêts du peuple.

Qu'un gouvernement ne soudoie jamais la lâcheté et ne récompense pas l'infamie. Si un citoyen découvre un complot contre l'État, qu'il vienne hautement le dévoiler dans les assemblées populaires et nomme les traîtres ; mais qu'il ne vienne pas dans l'ombre frapper un ennemi, et dénoncer un citoyen qui n'a souvent d'autre tort que de ne pas penser comme lui.

Sous un gouvernement libre et démocratique, pas de police secrète : si le peuple le soutient, il ne tombera pas : car les insurrections seront étouffées quand elles se produiront au grand jour ; mais jamais il ne doit consentir à déshonorer des citoyens en en faisant des mouchards.

Une police municipale, paternelle, conservatrice de l'intérêt général, voilà la seule institution que je puisse admettre.

Notre police doit veiller à la propreté et à la salubrité des villes, à l'entretien des voies publiques et des édifices, à l'arrivage régulier des approvisionnements, à l'ordre dans les marchés, à la distribution des eaux ; à empêcher les accidents qui peuvent être commis par négligence, et à prévenir les incendies, les inondations, etc. La police des mœurs rentre dans ses attributions ; mais à un point de vue plus général et plus étendu que de nos jours, où le scandale, caché dans la vie privée, n'est passible d'aucune peine, sous le prétexte immoral que la vie privée doit être murée. Pour le citoyen d'une république digne de ce nom, il n'y a pas de vie privée qui permette aux turpitudes de se dérober à tous les yeux, aucune de ses actions ne doit se dérober au contrôle de ses concitoyens. Celui qui se cache est coupable par le mystère même dont il entoure ses actions. Ces principes ne sont pas nouveaux ; ils sont écrits partout, mais ils n'ont pas encore pénétré dans nos institutions, parce que les hommes préposés à la conservation de la morale publique sont souvent les plus corrompus.

DE L'ARMÉE.

D. Les armées permanentes, si nécessaires à une grande nation, sont, ce me semble, organisées de manière à satisfaire à toutes les exigences de la démocratie ?

R. Elles sont encore entachées du vice propre aux armées monarchiques ; car les priviléges de caste y dominent, et les sommités de l'armée forment une véritable aristocratie ; aussi voit-on partout les officiers dévoués aux intérêts des princes qui les paient et qui en font les instruments les plus dociles de l'oppression des peuples. Ce qui se passe en France, en Autriche, en Italie, en Hongrie, en Prusse, le prouve outre mesure. Pour que l'armée soit organisée démocratiquement, il faut d'abord que *le service soit personnel* et que nul ne puisse, à moins d'invalidité, se soustraire à l'obligation de passer sous les drapeaux. *Le remplacement doit donc être aboli* comme une plaie honteuse qui n'est onéreuse que pour le prolétaire ; l'impôt du sang, qui pèse sur lui, est un des plus iniques ; c'est pourquoi il doit disparaître.

La trop longue durée du service use inutilement l'activité des soldats ; c'est pourquoi nous ne pouvons trop imiter les institutions des peuples germaniques, en en abrégeant la durée. Deux ou trois années de service militaire sont bien suffisantes pour donner à tous les citoyens l'habitude de la discipline et leur faire acquérir la connaissance du maniement des armes ; les corps spéciaux seuls pourraient se former par voie de recrutement. C'est dans une organisation militaire de la nation que nous pouvons trouver un remède certain à l'inconvénient de créer une caste étrangère à ses habitudes, ayant des besoins qui ne sont pas ceux de la majorité du peuple. L'organisation d'une force armée composée de tous les citoyens, depuis 20 ans jusqu'à 55, ayant passé deux ou trois ans sous les drapeaux et rentrant dans des corps mobilisables et sédentaires, exercés tous les ans pendant un certain nombre de semaines, pour ne pas perdre l'habitude des manœuvres, créerait une des forces militaires les plus imposantes que nation civilisée ait jamais possédée. Mais pour que l'armée, qui absorbe une si grande partie du budget, ne soit pas improductive, elle serait employée aux travaux publics, de telle sorte qu'elle formerait des légions industrielles au lieu d'armées inactives, ce qui compenserait la dépense qu'occasionnerait cette grande réunion d'hommes. Quand l'éducation militaire se serait étendue à toute la nation, on réduirait le chiffre des bataillons et les cadres seuls seraient maintenus.

La discipline ne peut également conserver son caractère inintelligent et brutal ; en vraie démocratie, l'officier ne peut exercer sur son inférieur une autorité despotique, aussi vous répéterai-je que tous les délits devraient être, excepté en temps de guerre, portés devant les tribunaux civils. Quant aux peines disciplinaires, elles seraient jugées par un jury militaire dont les soldats feraient partie.

L'élection dans l'armée est encore un des droits qui découlent de l'organisation démocratique de la nation, seulement elle serait à plusieurs degrés jusqu'à ce qu'on puisse sans inconvénient en élargir le cercle.

Nous voulons, en un mot, que l'armée ne soit plus un instrument passif d'oppression, mais le corps des citoyens armés pour la défense du territoire ; c'est pourquoi nous protestons contre l'esprit d'isolement qui fait, pendant sept années, disparaître les soldats du cadre des citoyens et les réduit à l'automatisme.

D. Tout cela est bien, mais vous tombez dans le défaut des armées allemandes, plus propres à résister à une invasion qu'à faire une guerre d'agression ?

R. Cela est vrai, aussi notre but n'est-il pas de faire des guerres de conquête. Nous voulons que la nation, maîtresse chez elle, ne porte pas la guerre chez ses voisins, mais soit toujours prête à défendre son territoire. Quand même, ces réformes seront graduelles et toujours proportionnelles au progrès du temps. Vous comprendrez qu'il est irrationnel qu'une nation entretienne, en dépensant 400 millions, une armée qui, loin d'être la protectrice des libertés publiques, sert à maintenir l'abaissement des classes laborieuses, et s'associe à toutes les mesures de coercition exercées contre le peuple pour empêcher son affranchissement.

DE LA MARINE.

D. Notre marine est sans doute soumise à la même réforme que l'armée de terre ?

R. En effet, la marine de l'État a, comme l'armée de terre, des vices organiques qui exigent des réformes radicales ; elle est en contradiction avec la liberté du citoyen, qui doit jouir de la plénitude de ses droits, pourtant est-il un esclave plus dûrement traité que le marin ? De plus, elle est en contradiction avec l'économie sévère qu'exigent les finances de l'Etat.

D. Il nous faut cependant une marine ?

R. Oui, mais elle ne doit pas être onéreuse sans profit, or, les armements maritimes de la France répondent-ils à un but d'utilité réel ?

D. Ils servent à protéger nos colonies ?

R. Colonies onéreuses, envahies à la première guerre par les marines européennes, et qui ne se rattachent à la métropole que par le lien de l'intérêt, mais sans profit pour elles-mêmes et pour le reste de la nation.

La question des colonies est délicate, aussi a-t-on apporté pour les combattre et pour les défendre des raisons qui ont une égale valeur. Il est cependant évident pour tous que nos colonies sont improductives, et que, pour remédier à ce mal, il faudrait que leurs rapports avec la métropole fussent libres et sur le pied de la plus parfaite égalité de droits et de devoirs. Or, nous recevons par leur entremise des produits que nous aurions moins chèrement ailleurs, et nous leur imposons en revanche nos denrées et nos articles d'Europe, ce qui rend pour elles et pour nous le contrat également onéreux. Avec un système de colonisation sur un pied si peu en rapport avec les besoins du pays, on pourrait, sans rien perdre, leur rendre la liberté du commerce, et elles ne demanderaient pas mieux ; mais un faux point d'honneur national nous fait tenir à leur conservation, et nous dépensons chaque année pour ces possessions de luxe, des millions que nous pourrions appliquer à l'intérieur, d'une manière plus profitable.

Jetons un coup-d'œil sur le budget de la marine, et nous verrons que sur les 150 millions qu'il absorbe, 23 sont appliqués au service colonial seulement, le reste est employé pour entretenir des navires qui pourrissent sans usage ; car, si nous en exceptons Navarin et Saint-Jean d'Ulloa, notre marine est vierge d'expéditions depuis de longues années ; en revanche, nous avons perdu plus d'un navire de haut-bord jeté à la côte ou englouti corps et biens par les flots, et c'est pour arriver à ce résultat que nous dépensons 150 millions. Ajoutons cette somme au budget de la guerre, et nous verrons que le tiers de notre gros budget est employé à ces superfluités nationales.

D. Alors que feriez-vous de notre marine ?

R. Nous en ferions une vaste marine militaire et commerciale, ayant le monopole des transports du commerce, formant des matelots habiles, et qui produirait au lieu d'être improductive. Les études de nos marins seraient aussi fortes ; on introduirait chez eux comme dans l'armée le système de l'élection, ce qui soumettrait au principe de l'égalité une institution qui a toujours été soumise a une hiérarchie brutale et impérieuse, nous exploiterions dans l'intérêt de tous, ces immenses machines qui dévorent une si grosse part du budget sans produire le moindre avantage, pas même un peu de gloire. Je n'ignore pas que cette réforme présente des difficultés, mais elles ne sont pas insolubles.

DE LA COMMUNE.

D. Votre respect pour l'unité doit vous faire approuver la centralisation des pouvoirs administratifs et politiques ?

R. Dans l'intérêt de l'unité nationale, qui est pour nous une religion véritable, nous voulons conserver la centralisation politique comme le seul moyen d'imprimer un caractère d'ensemble à tous les actes de l'autorité supérieure ; mais nous cherchons à concilier la liberté avec la centralisation du pouvoir ; c'est pourquoi nous voulons des autorités municipales indépendantes dans toute la sphère d'activité des intérêts communaux. Nous ne voulons pas de cette centralisation mesquine qui entrave à chaque pas la liberté des citoyens, et nous reconnaissons aux communes le droit de s'administrer librement dans tous les cas où leurs délibérations seront du ressort purement municipal; car la lenteur de l'administration, écrasée sous le poids de détails infimes, la puérilité de l'intervention de l'autorité supérieure dans la vie intérieure de la commune, sont des entraves apportées à la liberté.

Un ministre intervenant dans une réparation de pavage, de fontaine, de chemins vicinaux, dans un emprunt local fait pour améliorer telle ou telle partie d'une commune, pour un achat de céréales, etc., c'est le comble de l'absurde. *Il faut gouverner*, il est vrai, pour maintenir l'unité du corps politique; mais il ne faut pas *trop gouverner*, comme disait d'Argenson, car il y a déjà assez à faire de s'occuper des intérêts généraux, sans régenter les intérêts locaux et particuliers, surtout quand on entrave toute l'administration. Nous voulons, en un mot, l'indépendance des communes; dans tout ce qui touche à l'intérêt de localité.

Nous regardons la bonne organisation de la commune comme la base de tout le système économique de l'État; car de la collection de ces individualités communales, naît une bonne et sage organisation générale, c'est pourquoi nous attachons une grande importance à ce que la commune, organisée et administrée démocratiquement, soit l'image en petit du grand corps social et politique qui forme l'État.

Nous allons plus loin: comme nous l'avons déjà dit, nous voulons que la municipalité remplace les notaires pour la confection et l'enregistrement des actes, nous voulons qu'elle perçoive sans frais les impôts au moyen d'un collecteur et qu'il n'y ait dans nos communes d'autres autorités importantes que le maire, élu chaque année par ses concitoyens, et l'instituteur.

Il est temps d'émanciper nos communes et de ne plus en faire des mineures dont les intérêts sont administrés par des agents du pouvoir qui n'en ont nul souci, et, la plupart du temps, sont étrangers aux besoins des localités dont ils ont la tutelle.

Puisque nous parlons de la commune et que nous n'avons pas à examiner un à un tous les rouages de l'administration; je vous dirai que nous attaquons avec le même esprit d'impartialité et de justice nos conseils de préfecture et toute cette armée administrative qui grève inutilement le budget. Nous les remplacerions par les chefs des différents services qui résident au chef-lieu, et qui joindraient à l'avantage de ne rien coûter, celui d'être aptes à juger les questions litigieuses.

Nous voudrions qu'au-dessous du préfet, dont la position est si instable, il fût placé un fonctionnaire qui conservât la tradition de la marche de l'administration, afin que le nouveau préfet ne fît pas son apprentissage au détriment des intérêts du département.

D. Voilà tout votre système?

R. Dans ses généralités; car je vous ai seulement ébauché le plan général des réformes que nous croyons devoir être successivement introduites dans la société. Chacune des institutions que nous avons examinées demande, pour être traitée avec les développements convenables, une série d'études qui sont de la plus haute importance.

DES ÉTUDES SOCIALES.

D. Les études sociales exigent-elles un long sacrifice de temps?

R. Quand on n'en veut connaître que les principes généraux , elles se bornent à des lectures qui font bientôt voir qu'il y a dans la pensée des socialistes, une œuvre d'avenir immense, et que la solution du problème social, *l'abolition du prolétariat,* est tout entière dans la pratique graduée du système de solidarité que je viens de vous exposer. C'est donc à tort qu'on nous accuse de vouloir renverser la société de fond en comble pour élever sur ses ruines la société nouvelle. *Nous voulons y arriver par transformation successive et graduée, sans violence et sans spoliation, surtout sans la sotte idee du partage* qu'on nous a si calomnieusement imputée. Nous anoblissons la famille en permettant au sentiment qui unit les parents aux enfants, de s'exercer sans aucune arrière-pensée de cupidité ; nous assurons la propriété, puisque nous lui donnons le travail pour base, et que nous sanctifions le travail. Nos ennemis sont ceux qui ont jusqu'à ce jour vécu de l'exploitation des prolétaires, et trafiqué de la sueur du peuple : et qui, se voyant menacés dans leur cupidité égoïste, cherchent à nous perdre dans l'esprit de ceux qui ne connaissent pas nos doctrines.

D. Quels sont les livres à consulter pour connaître les doctrines sociales ?

R. La République de Platon, la Cité du Soleil de Campanella, l'Utopie de Thomas Morus, le Code de la nature de Morelli, le Contrat social de J.-J. Rousseau, les OEuvres de Mably , le Gouvernement de Locke, Montesquieu , la Constitution économique des Moraves , l'Histoire des Républiques chrétiennes du Paraguay, l'Histoire de la Conspiration de Babœuf par Buonarotti, les ouvrages d'Owen, les OEuvres des Saint-Simoniens , celles de Fourrier et des Phalanstériens , les OEuvres de P. Leroux, entre autres le livre de l'Humanité, l'Egalité et la Revue sociale, celles de Proudhon, et surtout son livre sur la Propriété , bien que Proudhon n'ait pas une idée bien nette de l'association solidaire et égalitaire, et que sa synthèse soit loin d'être complète, les OEuvres sociales de Cabet, de Vidal , de Villegardel, de Pecqueur, les travaux de Louis Blanc, la Réforme sociale de A. Barbet, puis en économie politique, Quesnay, Turgot, Say, Sismondi, Ricardo, Huerne de Pommeuse, sur les colonies agricoles, la cause de la richesse et de la misère des peuples civilisés, par le baron de Morogues, des Causes du malaise social, par Bouvier du Molard ; le Cours d'Economie politique de A. Blanqui , les travaux de Loudon, de Malthus, de Godwin, sur la population, la Misère des classes laborieuses de E. Buret, puis les ouvrages de Tocqueville , de Villermé, de Beaumont, etc.

Lisez ces ouvrages sans prévention, instruisez-vous des besoins réels des nations, voyez les obstacles que le privilége oppose à leur satisfaction ; et quand vous aurez étudié ces questions palpitantes d'intérêt et d'actualité, vous reconnaîtrez que le socialisme seul est capable de régénérer le monde, qui se tord dans les angoisses de la faim, du désespoir et de la misère.

FIN.